Standardbasierter Englischunterricht – Die neuen Abitur-Bildungsstandards in die Praxis umsetzen

Engelbert Thaler

Cornelsen

Der Autor

Prof. Dr. Engelbert Thaler hat den Lehrstuhl für Didaktik des Englischen an der Universität Augsburg inne. Nach 20-jähriger Tätigkeit als Gymnasiallehrer für Englisch und Sozialkunde promovierte und habilitierte er sich an der Ludwig-Maximilians-Universität München über offene Lernarrangements im Fremdsprachenunterricht. Seine Publikationen befassen sich neben unterrichtsmethodologischen Fragen (Balanced Teaching) mit literaturdidaktischen Themen (Teaching English Literature, Shakespeare, Shorties), mediendidaktischen Zugängen (Musikvideoclips, Film Based Language Learning) und kulturkundlichen Aspekten (Fußball, Popular Culture). Thaler ist auch Herausgeber von Schulbüchern, Fachzeitschriften und mehreren Unterrichtsreihen.

Projektleitung: Gabriele Teubner-Nicolai, Berlin
Redaktion: Anke Simon, Wilnsdorf
Umschlagkonzeption/-gestaltung: Ungermeyer, Berlin
Layout / technische Umsetzung: LemmeDESIGN, Berlin

www.cornelsen.de

1. Auflage 2016

Druck: AZ Druck und Datentechnik GmbH, Kempten

ISBN 978-3-589-15008-3

PEFC
PEFC/04-31-2260

PEFC zertifiziert
Dieses Produkt stammt aus nachhaltig bewirtschafteten Wäldern und kontrollierten Quellen.

www.pefc.de

Inhalt

Vorwort

BILDUNGSSTANDARDS & ABITURPOOL Mit Beschluss vom 18.10.**2012** hat die Kultusministerkonferenz (KMK) **Bildungsstandards** für die Allgemeine Hochschulreife in Englisch (sowie Deutsch, Mathematik und Französisch) eingeführt. Der gemeinsam von den Bundesländern entwickelte **Abituraufgabenpool** steht ab dem Schuljahr 2016/**2017** den Ländern als Angebot für den Einsatz in der Abiturprüfung zur Verfügung.

THE TEACHER MATTERS Die Bildungsstandards können ihre Wirkung allerdings nur dann entfalten, wenn sie von den wesentlichen Akteuren im Bildungssystem aufgegriffen werden und Eingang in die alltägliche Praxis der Schulen finden. Als **Protagonisten** fungieren hierbei die **Lehrkräfte**, die ihren Englischunterricht an den länderübergreifenden Kompetenzzielen ausrichten und ihre Schüler bestmöglich auf die an den Bildungsstandards orientierten Abiturprüfungen vorbereiten sollten. Nicht erst seit Hattie wissen wir, dass die Qualität einer Schule primär von der Lehrkraft abhängt: *The teacher matters!* Dieses Büchlein möchte einen kleinen Beitrag dazu leisten, die Lehrerinnen und Lehrer als die entscheidenden Praktiker an der Front mit dem nötigen Hintergrundwissen auszustatten.

KOMPETENZORIENTIERUNG Natürlich lässt sich larmoyant über die **KOS-Ära** wehklagen, i.e. das Zeitalter des Kompetenz-Obsessions-Syndroms. Manch einer scheut inzwischen das K-Wort wie der Teufel das Weihwasser. Gleichwohl sollte man sich an Breitensteins Kartoffel-Theorem erinnern: „Nun sind die Kartoffeln auf dem Tisch, nun werden sie auch gegessen." Schließlich können länderübergreifende Kompetenzstandards auch **positive Wirkungen** zeitigen: Vergleichbarkeit der Abiturprüfungen der Länder, Transparenz der Ziele, Schaffung einer gemeinsamen Grundlage für die Überprüfung der Ergebnisse, Durchlässigkeit von Bildungswegen, Überwindung der Defizitperspektive im Fremdsprachenlernen, Unterteilung des Lernprozesses in Teilkompetenzen.

STRUKTUR DES BUCHS Der **Aufbau** dieses Bandes orientiert sich an den fünf Kompetenzbereichen der Abitur-Bildungsstandards. Am Anfang jedes Kompetenzbereichs steht eine knappe Erläuterung zentraler Begriffe. Die insgesamt **100 Einzelstandards** werden jeweils aufgeführt und an einem **Aufgabenbeispiel** *(Task)* veranschaulicht. Dazu enthält jeder Kompetenzbereich ein (längeres) **Unterrichtsszenario** sowie eine Prüfungsaufgabe (für die Bereiche der funktionalen kommunikativen Kompetenzen). Das Unterrichtsszenario (Lernaufgabe) gibt Hinweise zu: Thema, Einzelstandards, Texten/Material, Anbindung *(topics, lead-in, follow-up)*, Aufgabe (unterrichtliches Vorgehen) und, wenn nötig, Lösungen.

ABITURPRÜFUNG Die **Prüfungsaufgaben** (inkl. Erwartungshorizont und Bewertungshinweise) sind der offiziellen Abituraufgabensammlung des IQB entnommen und sind auch online verfügbar. Auf der unter den Prüfungsaufgaben angegebenen Website des IQB finden Sie die Aufgaben als kopierbare Vorlagen. Die Bildungsstandards sehen vor, dass eine Prüfungsaufgabe für das schriftliche Abitur in Englisch immer aus einer Aufgabe zum Schreiben und einem weiteren verpflichtenden Prüfungsteil mit Aufgaben zu zwei weiteren Kompetenzbereichen (z. B. Hörverstehen, Sprachmittlung, Sprechen, Leseverstehen) besteht. Diese weiteren Kompetenzbereiche könnten auch in einer mündlichen Prüfung bewertet werden. Sprechen oder Hör-/Hörsehverstehen kann, wenn beides nicht Bestandteil der Abiturprüfung ist, auch mit dem Gewicht einer Klausur in der Qualifikationsphase überprüft werden.

DANK Ein besonderer **Dank** bei der Entwicklung dieses Bandes gebührt:

- den Studierenden der Universität Augsburg, die einige Aufgaben in ihren Hauptseminaren entwickelt haben,
- den Lehrkräften an Gymnasien und Beruflichen Oberschulen, welche die Aufgaben an ihren Schulen ausprobiert haben,
- den Ländervertretern in der IQB-Arbeitsgruppe Abituraufgaben, die bei den Sitzungen zur Entwicklung der Abituraufgabensammlung und des Abituraufgabenpools dem Autor wertvolle Impulse gegeben haben,
- der Leitung des IQB, die eine Print-Veröffentlichung der Prüfungsaufgaben aus der Abitursammlung genehmigte.

PRAXISHILFE Es ist zu hoffen, dass dieser Band den Lehrkräften – sowie den Schülerinnen und Schülern – **Orientierung** hinsichtlich der Gestaltung eines standardbasierten Englischunterrichts gibt und die **Vorbereitung** auf die standardbasierte Abiturprüfung erleichtert.

1 Überblick

HINTERGRUND Mit dem Konstanzer Beschluss von 1997 entschied die Kultusministerkonferenz (KMK), das deutsche Schulsystem im Rahmen wissenschaftlicher Untersuchungen international vergleichen zu lassen, um belastbare Befunde über Stärken und Schwächen der Schülerinnen und Schüler in den zentralen Kompetenzbereichen zu erhalten. Durch die Ergebnisse von TIMSS, PISA und IGLU wurde offenkundig, dass die in Deutschland dominierende Input-Steuerung nicht zu den erwünschten Ergebnissen führte. Eine **Output-Steuerung**, d. h. die Festlegung und Überprüfung der erwarteten Leistungen, erschien notwendig. Da die Entwicklung und Sicherung von Qualität klarer Maßstäbe bedarf, legte die KMK einen besonderen Fokus auf die Konzeptionierung und Einführung von bundesweit geltenden Bildungsstandards (Bistas).

BILDUNGSSTANDARDS: ZIELE Grundsätzlich verfolgt die Orientierung an abschlussbezogenen Bildungsstandards mehrere **Ziele:**

- Transparenz schulischer Anforderungen,
- Entwicklung eines kompetenzorientierten Unterrichts,
- Grundlage für die Überprüfung der erreichten Ergebnisse,
- Durchlässigkeit von Bildungswegen,
- Vergleichbarkeit von Abschlüssen,
- Weiterentwicklung der Qualität des Bildungswesens.

KOMPETENZ Die Bistas legen fest, welche fachbezogenen Kompetenzen Schülerinnen und Schüler bis zu einem bestimmten Abschnitt in der Schullaufbahn entwickelt haben sollen. Unter einer **Kompetenz** wird dabei die Fähigkeit verstanden, Wissen und Können zur Lösung von Problemen anzuwenden. Kompetenzen werden durch Beschreibungen von Könnens-Anforderungen konkretisiert.

PROZESSSTUFEN Der gesamte Bista-Prozess lässt sich dabei in mehrere Schritte gliedern:

1. Für den **Mittleren Schulabschluss** wurden bereits 2003 **Bistas** für die erste Fremdsprache (Englisch/Französisch) verabschiedet (Beschluss vom 04. 12. 2003).
2. 2012 wurden auch **Bistas** für die **Allgemeine Hochschulreife** verabschiedet, wobei die „Vereinbarung zur Gestaltung der gymnasialen Oberstufe in der Sekundarstufe II" (KMK vom 09. 02. 2012) folgendes Ziel vorgab:
   „Der Unterricht in der gymnasialen Oberstufe vermittelt eine vertiefte Allgemeinbildung, allgemeine Studierfähigkeit sowie wissenschaftspropädeutische Bildung. Von besonderer Bedeutung sind dabei vertiefte Kenntnisse, Fähigkeiten und Fertigkeiten in den basalen Fächern Deutsch, Fremdsprache und

Mathematik. [...] Der Unterricht in der gymnasialen Oberstufe ist fachbezogen, fachübergreifend und fächerverbindend angelegt. Er führt exemplarisch in wissenschaftliche Fragestellungen, Kategorien und Methoden ein und vermittelt eine Erziehung, die zur Persönlichkeitsentwicklung und -stärkung, zur Gestaltung des eigenen Lebens in sozialer Verantwortung sowie zur Mitwirkung in der demokratischen Gesellschaft befähigt. Im Unterricht in der gymnasialen Oberstufe geht es darüber hinaus um die Beherrschung eines fachlichen Grundlagenwissens als Voraussetzung für das Erschließen von Zusammenhängen zwischen Wissensbereichen, von Arbeitsweisen zur systematischen Beschaffung, Strukturierung und Nutzung von Informationen und Materialien, um Lernstrategien, die Selbstständigkeit und Eigenverantwortlichkeit sowie Team- und Kommunikationsfähigkeit unterstützen." (BiSta 2012: 5)

3. Das Institut zur Qualitätsentwicklung im Bildungswesen (IQB) an der Humboldt-Universität zu Berlin als wissenschaftliche Einrichtung der Länder wurde gebeten, in Abstimmung mit den Ländern ab 2013 eine Sammlung und einen Pool von Abituraufgaben aufzubauen. Dazu war es zunächst erforderlich, **allgemeine Vereinbarungen** über die Gestaltung dieser Aufgaben zu treffen. Diese Dokumente, z. B. „Kriterien für Aufgaben, Erwartungshorizonte und Bewertungshinweise" und „Grundstock von Operatoren", wurden schließlich 2015 als begleitende Dokumente veröffentlicht (http://www.iqb.hu-berlin.de/bista/abi/englisch/dokumente, letzter Zugriff am 15.04.2016).
4. Die **Sammlung von Abiturprüfungsaufgaben** wurde ebenfalls 2015 auf der Website des IQB veröffentlicht (http://www.iqb.hu-berlin.de/bista/abi/englisch/aufgaben, letzter Zugriff am 15.04.2016). Die für alle offen zugängliche Aufgabensammlung zeigt an einigen Beispielen, wie die in den Bistas beschriebenen Vorgaben für die Abiturprüfung in Aufgaben und Erwartungshorizonte übersetzt werden können. Sie bietet damit Lehrkräften und Schülern Orientierung hinsichtlich der zukünftigen Anforderungen.
5. Etwas zeitversetzt begann auch der Aufbau eines **Abituraufgabenpools**, der den Ländern ab dem Schuljahr 2016/2017 als Angebot für den Einsatz in der Abiturprüfung zur Verfügung stehen wird.

LÄNDERKONSENS Die allgemeinen Dokumente sowie die Aufgaben der Sammlung und des Pools werden von Arbeitsgruppen erstellt, in denen Fachexperten der Länder zusammenarbeiten, koordiniert durch IQB-Mitarbeiter und beraten von zwei Wissenschaftlern der jeweiligen Fachdidaktik. Damit wird die Voraussetzung geschaffen, dass die Perspektiven aller Länder in den Arbeitsprozess einfließen.

AUSBILDUNG UND BILDUNG Vor dem Hintergrund zunehmender Globalisierung leistet der Englischunterricht einen zentralen Beitrag zu den **Ausbildungs- und Bildungszielen der gymnasialen Oberstufe.** Er vermittelt sprachlich-kommunikative Fähigkeiten, die für Studium, Beruf und Freizeit wesentlich sind.

DISKURSFÄHIGKEIT Ein wesentliches Ziel ist dabei die **Diskursfähigkeit.** Diese Befähigung zum mündlichen und schriftlichen Diskurs versteht sich als eine Verstehens- und Mitteilungsfähigkeit, die inhaltlich zielführend, sprachlich sensibel und differenziert, adressatengerecht und pragmatisch angemessen ist. Sie umfasst interkulturelle Kompetenzen, die zusammen mit den sprachlichen Kompetenzen in der Auseinandersetzung mit Themen, Texten und Medien integriert erworben werden.

KOMPETENZBEREICHE Diese Diskursfähigkeit ist gegliedert in **fünf Kompetenzbereiche** (s. Abb.):

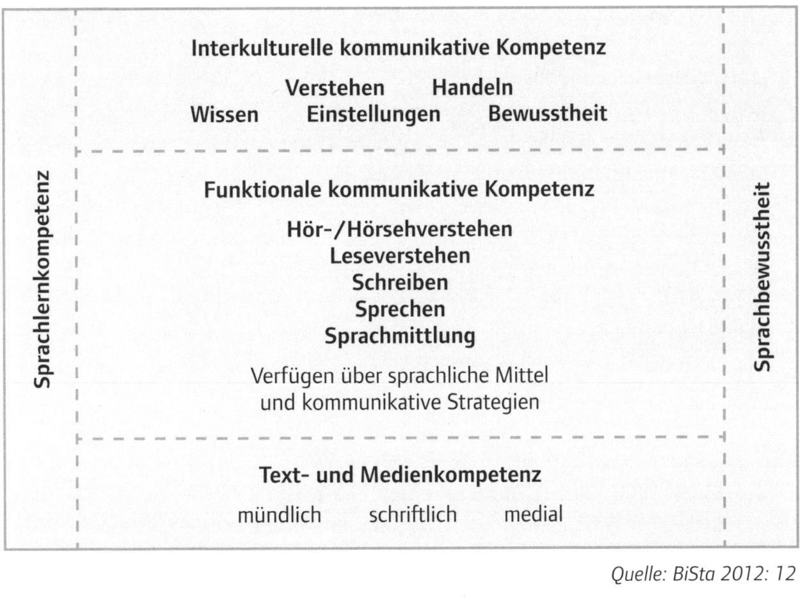

Quelle: BiSta 2012: 12

Diese Darstellung schließt an die Bildungsstandards für den Mittleren Schulabschluss an und erweitert sie um neue Aspekte.

1. Im Zentrum steht die **funktionale kommunikative Kompetenz (FKK),** die sich in die fünf Teilkompetenzen Hör-/Hörsehverstehen, Leseverstehen,

Schreiben, Sprechen und Sprachmittlung untergliedert. Damit diese Teilkompetenzen realisiert werden können, ist das Verfügen über sprachliche Mittel nötig, die dienende Funktion haben und hier noch um kommunikative Strategien erweitert werden.

2. Die interkulturelle Kompetenz ist als **interkulturelle kommunikative Kompetenz (IKK)** neu formuliert und zentral oben positioniert.
3. Angesichts des Stellenwerts und der vielfältigen Formen der Arbeit mit Texten und Medien in der gymnasialen Oberstufe wird ein dritter Bereich als **Text- und Medienkompetenz (TMK)** ausgewiesen. Man geht hier von einem erweiterten Textbegriff aus, der die Rezeption und Produktion mündlicher, schriftlicher und medial vermittelter Texte einschließt.
4. **Sprachbewusstheit (SB)** wird als eigene Kompetenz gefasst.
5. Als fünfter Bereich wird auch **Sprachlernkompetenz (SLK)** neu bestimmt.

BISTAS: MERKMALE Darüber hinaus sind weitere **Merkmale** der Bildungsstandards zu nennen:

- Laterale Anordnung: SB und SLK unterstützen die Ausbildung der anderen Kompetenzen und sind deswegen seitlich **transversal** angeordnet.
- Unterbrochene Linien: Alle Kompetenzen stehen in engem **Bezug** zueinander.
- **Regelstandards:** Sie geben an, welches Kompetenzniveau Schülerinnen und Schüler im Durchschnitt erreichen sollen.
- Niveau-Orientierung: Die Bistas orientieren sich am Niveau **B2** des GeR (Gemeinsamer europäischer Referenzrahmen für Sprachen). In Englisch kann dieses Niveau in Teilbereichen überschritten werden (C1).
- Niveau-Differenzierung: Es wird zwischen einem **grundlegenden** und einem **erhöhten Niveau** unterschieden. Ersteres soll mit mindestens drei, letzteres mit vier oder mehr Wochenstunden Unterricht erreicht werden. Die Differenzierung bezieht sich auf Text- und Aufgabenmerkmale:
  a) Textmerkmale (Rezeption/Produktion): Komplexität, Abstraktheit, Anspruchsniveau bezüglich Aufgabenstellungen;
  b) Aufgabenmerkmale: Breite und Tiefe der erwarteten Themenbearbeitung, Eigenständigkeit und Differenziertheit der Aufgabenbearbeitung.
- **EPA:** Die Bildungsstandards haben die Vorgaben der Einheitlichen Prüfungsanforderungen (EPA) für die Gestaltung der Abiturprüfungen überarbeitet und dabei kompetenzorientierte Elemente weiterentwickelt; sie lösen nun die EPA vollständig ab.
- **Geltungsbereich:** Die Bildungsstandards gelten für alle Bildungsgänge, die zur Allgemeinen Hochschulreife führen, was Berufliche Gymnasien und doppeltqualifizierende Bildungsgänge einschließt.

2 Funktionale kommunikative Kompetenz

ÜBERBLICK FKK **Die funktionale kommunikative Kompetenz (FKK) nimmt eine zentrale Rolle im Englischunterricht ein. Sie besteht aus fünf Teilkompetenzen:**
- Hör-/Hörsehverstehen,
- Leseverstehen,
- Schreiben,
- Sprechen,
- Sprachmittlung.

Damit diese Teilkompetenzen aufgebaut werden können, müssen die Lernenden über angemessene sprachliche Mittel und kommunikative Strategien verfügen, die für die Verwirklichung der FKK eine dienende Funktion erfüllen. Zu den **sprachlichen Mitteln** zählen:
- Wortschatz,
- Grammatik,
- Aussprache,
- Prosodie,
- Orthografie.

Die einzelnen Kompetenzen der FKK werden – nach dem Muster des GeR – jeweils separat aufgeführt, kommen in der tatsächlichen Sprachverwendung allerdings meist integrativ zum Tragen. Die sprachlichen Mittel werden im Anschluss an die Teilkompetenzen dargestellt, wogegen die kommunikativen Strategien jeweils bei den sprachlichen Teilkompetenzen mitberücksichtigt sind.

2.1 Hör-/Hörsehverstehen

DEFINITION

Die Schülerinnen und Schüler (SuS) können authentische Hör- und Hörsehtexte verstehen, sofern repräsentative Varietäten der Zielsprache gesprochen werden. Sie können dabei Hauptaussagen und Einzelinformationen entnehmen und diese Informationen in thematische Zusammenhänge einordnen (BiSta 2012: 15).

ERLÄUTERUNG Einige wesentliche Begriffe sollen kurz erläutert werden:

- **Authentische** Hör- und Hörsehtexte: den Zielkulturen entnommene, nicht speziell für den Englischunterricht produzierte auditive oder audiovisuelle Medien.
- **Repräsentative Varietäten** der Zielsprache: weitgehend *Received Pronunciation* (GB), *General American* (USA) und *General Australian*.
- **Hörstile** (Hörzweck/Hörabsicht): Entnahme von **Hauptaussagen** und **Einzelinformationen** → grobes oder globales Hören *(listening for gist, global comprehension),* detailliertes oder selektives Hören *(listening for detailed/ selective understanding),* inferierendes Hören (transzendierendes Hören, Schlussfolgerungen ziehen, implizite Aussagen erkennen). Zur Überprüfung der Dekodierungsleistung eignen sich aus Gründen der Validität geschlossene Formate *(multiple choice, true / false / not in the text, matching, ordering, error spotting)* und halb offene Formate (Ergänzen von Lücken, Beantworten von Fragen mit Kurzantworten/Stichpunkten, Vervollständigen von Satzanfängen). Empfehlenswert ist ein mehrmaliges Anhören/Ansehen des Textes, wobei beim ersten Durchgang das Globalverständnis im Vordergrund steht, beim zweiten Mal das Detailverstehen.
- **Textexternes Wissen:** Bezug zur Außenwelt, Hintergrund- und Weltwissen, Aktivierung von *top-down strategies* (Schemata, Skripten).
- **Rezeptionsstrategien:** u. a. Fokussierung auf den Hörzweck (z. B. sorgfältiges Lesen der Aufgabenstellung), Fixierung des Gehörten (z. B. Anfertigen von Notizen auf der Basis von Leitfragen), Erleichterung des Hörprozesses (z. B. eigene Fragen an den Hörtext stellen) (Thaler 2012: 165 f.).
- **Strategien zur Lösung von Verständnisproblemen:** u. a. Konzentration auf *chunks* anstelle von Einzelwörtern, prosodische Elemente, Hintergrundwissen, Kontext, Ko-Text (Wörter unmittelbar davor und danach), Ähnlichkeiten mit deutschen oder anderssprachigen Wörtern.
- **Stimmungen und Einstellungen** von Sprechenden → Prosodie (Tonfall, Tonhöhe, Betonung), Inhalt (Formulierungen, Wortwahl, Aufbau von Argumenten), Körpersprache (bei Sehtexten: Signale von Trauer, Freude etc.).

- **Hörsehverstehen:** Aufnahme von Informationen über zwei Kanäle – visuell und auditiv → gesprochene Sprache verstehen und außersprachliche Merkmale erschließen: Bilder deuten und ihre (komplementäre/konfligierende) Beziehung zum Gehörten erkennen, kinematografische Techniken verstehen, paralinguistische Besonderheiten wie Mimik, Gestik, Körperhaltung, Augenkontakt oder Distanz deuten (Thaler 2012: 170).

Im grundlegenden Niveau werden sechs Einzelstandards unterschieden.

1. EINZELSTANDARD

S 1: Die SuS können einem Hör- bzw. Hörsehtext die Hauptaussagen oder Einzelinformationen entsprechend der Hör- bzw. Hörseh-Absicht entnehmen.

TASK Martin Luther King's *"I have a dream" Speech* (http://www.americanrhetoric.com/speeches/mlkihaveadream.htm, letzter Zugriff am 15.04.2016):
- **Global comprehension** (after the first listening): Summarize what dream M. L. King recounts.
- **Detailed comprehension** (after the second listening): 1. What important legal documents are mentioned in the speech? 2. Name three inalienable rights that should be guaranteed for all people.

2. EINZELSTANDARD

S 2: Die SuS können textinterne Informationen und textexternes Wissen kombinieren.

TASK *The Butler:* Watch this **trailer** of the movie (http://www.youtube.com/watch?v=omJedbKwzLg&spfreload=1, letzter Zugriff am 15.04.2016), and do a think-pair-share on two questions:
1. Which part of **American history** does the film focus on?
2. How does this explain the conflict between the father and the son?

3. EINZELSTANDARD

S 3: Die SuS können in Abhängigkeit von der jeweiligen Hör-/Hörseh-Absicht Rezeptionsstrategien anwenden.

TASK Obama's *Immigration Reform 2014 Speech:* While **watching** this three-minute highlights clip (http://www.youtube.com/watch?v=Xdm-tyxa4eU, letzter Zugriff am 15.04.2016) for **a second time**, **take notes** on four guiding questions: Why? What? What not? How?

4. EINZELSTANDARD

S 4: Die SuS können angemessene Strategien zur Lösung von Verständnisproblemen einsetzen.

TASK *Mondegreens:* Watch this "Misheard Song Lyrics Compilation" (http://www.youtube.com/watch?v=wwrreWsS3Vs, letzter Zugriff am 15.04.2016), and correct the **misheard words** ("Freud'sche Verhörer") in the songs by **listening attentively** and looking at the **co-text.**

a) I'm friends with the mustard that's under my bed.
b) I tried carrying the weight of the world, but I only have two heads.
c) Baby, can you breed a cactus from Jamaica.
d) Cuz my heart breaks a little when I hear your neigh.
e) Even in a hurricane in France I know that we'll be safe as hell.

5. EINZELSTANDARD

S 5: Die SuS können Stimmungen und Einstellungen der Sprechenden erfassen.

TASK *Your Name, Sir?* Watch this BBC comedy sketch starring Stephen Fry and Hugh Laurie (http://www.youtube.com/watch?v=hNoS2BU6bbQ, letzter Zugriff am 15.04.2016), and **analyze** the changing **mood** of the scene. Pay special attention to body language and intonation.

6. EINZELSTANDARD

S 6: Die SuS können gehörte und gesehene Informationen aufeinander beziehen und in ihrem kulturellen Zusammenhang verstehen.

TASK *The Simpsons:* While viewing two minutes of "Mapple Store" (http://www.youtube.com/watch?v=7L2fsubA2-c, letzter Zugriff am 15.04.2016), **combine visuals and spoken text** in order to identify aspects of **modern technology** which are regarded as problems in this clip.

Im erhöhten Niveau werden fünf Einzelstandards unterschieden.

7. EINZELSTANDARD

S 7: Die SuS können darüber hinaus komplexe Hör- und Hörsehtexte auch zu wenig vertrauten Themen erschließen.

TASK *SCOTUS Rules In Favor Of Marriage Equality* (http://www.youtube.com/watch?v=8cy82LuQjms, letzter Zugriff am 15. 04. 2016): Watch this **American news report. Explain** why the **Supreme Court** decision is a breakthrough for Americans, and list the changes that it leads to.

8. EINZELSTANDARD

S 8: Die SuS können darüber hinaus implizite Informationen erkennen und einordnen und deren Wirkung interpretieren.

TASK John F. Kennedy's *Ich bin ein Berliner Speech* (http://www.youtube.com/watch?v=0GKd50lrROc, letzter Zugriff am 15. 04. 2016): Point out the **effects** this speech has on the listeners, and **examine** the **techniques** Kennedy uses to make it so effective.

9. EINZELSTANDARD

S 9: Die SuS können darüber hinaus implizite Einstellungen oder Beziehungen zwischen Sprechenden erfassen.

TASK *The Tonight Show:* View "Obama & Putin Phone Conversation" (http://www.youtube.com/watch?v=zmIUm1E4OcI, letzter Zugriff am 15. 04. 2016), and **analyze** how the **relationship** between Barack Obama and Vladimir Putin is portrayed in this sketch. Consider the portrayal of **stereotypes**, too.

10. EINZELSTANDARD

S 10: Die SuS können darüber hinaus Hör- und Hörsehtexte verstehen, auch wenn schnell gesprochen oder nicht Standardsprache verwendet wird.

TASK *The Great Gatsby:* View "Thug Notes: Summary and Analysis" (http://www.youtube.com/watch?v=2VEQRPm_HyA, letzter Zugriff am 15. 04. 2016), spoken by a **gangsta rapper.** Take notes and **reproduce** both the summary and analysis of the novel in **Standard English.**

11. EINZELSTANDARD

> *S 11: Die SuS können darüber hinaus einem Hör- bzw. Hörsehtext die Hauptaussagen oder Einzelinformationen entsprechend der Hör- bzw. Hörseh-Absicht entnehmen, auch wenn Hintergrundgeräusche oder die Art der Wiedergabe das Verstehen beeinflussen.*

TASK *Hotel California* by The Eagles (Summit Hörverstehen: 90 ff.): Listen to this cult song, which is hard to understand due to background instrumentation and **low sound quality.**

- **Global comprehension** (after the first listening)
  Synopsis: Which of the following sentences summarizes the story of the song best?
  a) An angel from heaven visits Earth and is shocked by people's behaviour.
  b) A tired traveller checks into Hotel California, sees strange things and cannot leave.
  c) A car driver stops at Hotel California and spends the night with his wife.
- **Detailed comprehension** (after the second listening)
  Mondegreens: The following lines from the lyrics contain one mondegreen each (mishearing, "Freud'scher Verhörer"). Underline and correct them.
  a) How they dance in the courtyard, sweet summer fat

  ....

  b) Some dance as a member, some dance to forget

  ....

  c) So I called up the Captain, 'please bring me my wife'

  ....

UNTERRICHTSSZENARIO

Thema	*Dead Parrot*
Standards	S 10, 11, 7, 9 + Leseverstehen + Sprachbewusstheit
Material	Monty Python's *Dead Parrot* skit (or: *In the Pet Shop*) (Summit Hörverstehen: 95ff. or http://www.youtube.com/watch?v=4vuW6tQ0218, letzter Zugriff am 15.04.2016 stopping after 3.00: "... till you're blue in the mouth") Maybe the most famous sketch in the history of British television comedy, *Dead Parrot* shows Mr Praline entering a pet shop to register a complaint about a dead Norwegian Blue parrot he has just bought. The proprietor insists that it is "pining for the fjords" or simply "stunned". The exasperated Praline attempts to wake up the parrot, bangs "Polly Parrot" on the counter, and finally lists off several metaphors for 'death'.
Anbindung	**Topics:** Shopkeeper-customer relationships, complaining, service industries, British humour, communication strategies (convincing, distracting), word fields, register **Lead-in:** The teacher may point out that the students are going to watch the most popular sketch of the world. Then he explains the situation (in the pet shop, owner and buyer of a parrot) and a few key phrases. In addition he may ask: *Have you ever had to return a faulty thing? How did the shop assistant react?* **Follow-up:** ▪ Pythonesque Humour: *When did you laugh? Why?* ▪ Role play: One pupil wants to exchange a faulty object (mobile, notebook), the other tries to reject it. Work in pairs, write down the dialogue, and act it out. ▪ Creative writing: Write a skit about your teacher and yourself. You try to talk your way out of having forgotten your homework. (If you forget this homework, you will have to perform the skit in class.)
Aufgabe	**1. Global comprehension** (after the first viewing) *The following summary describes the communicative situation of the sketch (who, where, when, what, why, how). It contains five mistakes, though. Underline them and correct them.* A customer, Mr Praline, enters a toy shop to register a complaint about the sick parrot which he had bought a few weeks before. The female shopkeeper, who is just preparing to close the establishment for lunch, disagrees with the customer. Mr Praline gets more and more furious as the shopkeeper tries to

distract him with all sorts of excuses. Right to the end, the shopkeeper is not willing to take the parrot back.

a) ....

b) ....

c) ....

d) ....

e) ....

2. Selective comprehension

Read the following tasks before you watch a second time. While viewing, you may take notes. After the viewing answer the questions.

a) The customer's strategy

How does the customer try to convince the shopkeeper that the parrot is dead? List three strategies.

- ....
- ....
- ....

b) The shopkeeper's strategy

How does the shopkeeper distract the customer? Name three strategies.

- ....
- ....
- ....

3. Detailed comprehension

(after the third viewing of the last part only)

Word field 'dead': Write down four euphemisms for 'dead' and group them into the registers given.

- legal: ....
- religious: ....
- theatre: ....
- general: ....

Transkript

Praline:	Hello, I wish to register a complaint … Hello? Miss?
Shopkeeper:	What do you mean, miss?
Praline:	Oh, I'm sorry, I have a cold. I wish to make a complaint!
Shopkeeper:	Sorry, we're closing for lunch.
Praline:	Never mind that, my lad. I wish to complain about this parrot what I purchased not half an hour ago from this very boutique.
Shopkeeper:	Oh yes, the Norwegian Blue. What's wrong with it?
Praline:	I'll tell you what's wrong with it. It's dead, that's what's wrong with it!
Shopkeeper:	No, no, it's resting, look!

Praline: Look, my lad, I know a dead parrot when I see one, and I'm looking at one right now.

Shopkeeper: No, no, sir, it's not dead. It's resting!

Praline: Resting?

Shopkeeper: Yeah, remarkable bird, the Norwegian Blue, beautiful plumage, innit?

Praline: The plumage don't enter into it. It's stone dead.

Shopkeeper: No, no, it's resting!

Praline: All right then, if it's resting, I'll wake it up! *(shouts into cage)* Hello, Polly! I've got a nice cuttlefish for you when you wake up, Polly Parrot!

Shopkeeper: *(jogging the cage)* There, it moved!

Praline: No, he didn't. That was you pushing the cage!

Shopkeeper: I did not.

Praline: Yes, you did! *(takes parrot out of cage, shouts)* Hello, Polly, Polly. *(bangs it against the counter)* Polly Parrot, wake up. Polly. *(throws it in the air and lets it fall to the floor)* Now that's what I call a dead parrot.

Shopkeeper: No, no. It's stunned.

Praline: Look, my lad, I've had just about enough of this. That parrot is definitely deceased. And when I bought it not half an hour ago, you assured me that its lack of movement was due to it being tired and shagged out after a long squawk.

Shopkeeper: It's probably pining for the fjords.

Praline: Pining for the fjords, what kind of talk is that? Look, why did it fall flat on its back the moment I got it home?

Shopkeeper: The Norwegian Blue prefers kipping on its back! Beautiful bird, lovely plumage!

Praline: Look, I took the liberty of examining that parrot, and I discovered the only reason that it had been sitting on its perch in the first place was that it had been nailed there.

Shopkeeper: Well, of course it was nailed there. Otherwise it would muscle up to those bars and voom.

Praline: Look, matey *(picks up the parrot),* this parrot wouldn't voom if I put four thousand volts through it! It's bleedin' demised!

Shopkeeper: It's not, it's pining!

Praline:	It's not pining, it's passed on. This parrot is no more! It has ceased to be. It's expired and gone to meet its maker. This is a late parrot. It's a stiff. Bereft of life, it rests in peace. If you hadn't nailed it to the perch, it would be pushing up the daisies. It's rung down the curtain and joined the choir invisible. This is an ex-parrot.
Shopkeeper:	Well, I'd better replace it then.
Praline:	*(to camera)* If you want to get anything done in this country, you've got to complain till you're blue in the mouth.

Erwartungshorizont

1. a) pet shop, **b)** dead parrot, **c)** half an hour ago, **d)** male shopkeeper, **e)** in the end he is willing to take it back

2. a) using various expressions for "dead", trying to wake up the parrot, shouting at it (banging it against the counter, letting it fall to the floor, becoming more impatient) **b)** trying to avoid contact ("We're closing for lunch"), referring to outward appearance ("beautiful plumage"), manipulating objects (jogging the cage), (putting forward silly arguments: resting, stunned, pining for the fiords, kipping on its back, nailed because of its strength)

3. legal: has ceased to be (is a late parrot, has passed on, has expired)
religious: has gone to meet its maker (bereft of life, rests in peace, has joined the choir invisible)
theatre: has rung down the curtain
general: is no more (is pushing up the daisies, is a stiff, is an ex-parrot)

PRÜFUNGSAUFGABE FÜR HÖR-/HÖRSEHVERSTEHEN

IQB-Prüfungsaufgabe (erhöhtes Niveau)

A. Hörtexte:

http://www.iqb.hu-berlin.de/bista/abi/englisch/aufgaben (letzter Zugriff am 15.04.2016)

B. Material für Schülerinnen und Schüler

Listening Comprehension

You will hear each recording twice. After each listening you will have time to complete your answers.

Task 1: Tuition fees **6 BE**

Listen to six young people talking about tuition fees. Match each speaker (1 to 6) with one of the opinions (A to G) by putting the corresponding letter into the correct box. For each speaker there is only one correct answer. There is one more opinion than you need.

Opinions: Tuition fees …

A interfere with people's guaranteed right of first-rate education.
B can be increased if this leads to concrete improvements.
C discourage poorer students from studying.
D explain the better results in university exams.
E have a positive impact on the quality of a university.
F frequently go along with cuts in public spending.
G increase the eagerness to study more efficiently.

speaker	1	2	3	4	5	6
opinion						

Now listen to the recording again.

Task 2: American Dream 6 BE

Listen to the following podcast about young people and the American Dream. While listening, tick (☒) the correct answer (a, b, c or d). There is only one correct answer.

1. Michelle Holshue trained as a nurse, because she wanted to …

a help other people. ....
b have a respectable job. ....
c be part of an idealistic team. ....
d make her childhood dream come true. ....

2. Currently, Michelle …

a is able to make a living. ....
b is looking for a new job. ....
c teaches cookery classes. ....
d works long hours in Virginia. ....

3. Michelle represents the American Dream to some extent because she …

a has a great number of choices. ....
b has a promising future ahead of her. ....
c has achieved more than her parents. ....
d has a lot of support from her parents. ....

4. Michelle is in a difficult financial situation because her …

a rent is extremely high. ....
b lifestyle was extravagant. ....
c education was expensive. ....
d parents are highly indebted. ....

5. Regarding her parents, Michelle now has a feeling of …

a contempt. ....
b admiration. ....
c indifference. ....
d understanding. ....

6. The intention of presenting Michelle's story is to …

a raise money for young people in need. ....
b make people aware of a social problem. ....
c ridicule the belief in the American Dream. ....
d encourage listeners to follow their dream. ....

Now listen to the recording again.

Task 3: Engineering and Safety **8 BE**

Listen to the following radio report about engineering and safety. While listening, complete the notes on the points listed on this worksheet. You do not need to write complete sentences.

1. methods to achieve safety:
   (1) in the past:
   ....
   ....

   (2) in more modern times:
   ....
   ....

2. safety as defined by society: (Name one aspect.)
   ....
   ....

3. procedures used by engineers to achieve safety:
   first making plans for normal conditions, then ....
   ....

4. safety threats: (Name two examples.)
   (1) ....
   ....

   (2) ....
   ....

5. Prof. Hatamura's recommendations concerning the safety design of nuclear power stations. (Name two recommendations.)
   (1) ....
   ....

   (2) ....
   ....

Now listen to the recording again.

Task 4: Question Time 2 BE

"Question Time" is an opportunity for Members of Parliament (MPs) to ask the Prime Minister (PM) questions.

Listen to a question that an MP asked in the House of Commons and to the PM's answer. While listening, tick (✓) the correct answer (a, b, c or d). There is only one correct answer.

1. With his question Mr Hollobone, MP, wants to ...

a win support for a project. ....

b ask the PM to take action. ....

c propose more liberal laws. ....

d warn the PM of social unrest. ....

2. With his answer the Prime Minister ...

a explains government policy. ....

b avoids giving a direct answer. ....

c disagrees with the person asking. ....

d ridicules the MP asking the question. ....

Now listen to the recording again.

C. Erwartungshorizont

Teilaufgabe 1

Standardbezug Die Schülerinnen und Schüler können ...	**Aufgabenerfüllung**
Hörverstehen ■ einem Hörtext die Hauptaussagen [...] entsprechend der Hörabsicht entnehmen ■ in Abhängigkeit von der jeweiligen Hörabsicht Rezeptionsstrategien anwenden ■ Hörtexte verstehen, auch wenn schnell gesprochen oder nicht Standardsprache verwendet wird	6 BE insgesamt, 1 BE pro Item 1 E 2 C 3 A 4 B 5 G 6 F

Teilaufgabe 2

Standardbezug Die Schülerinnen und Schüler können …	**Aufgabenerfüllung**
Hörverstehen ■ einem Hörtext […] Einzelinformationen entsprechend der Hörabsicht entnehmen ■ implizite Informationen erkennen und einordnen und deren Wirkung interpretieren ■ Hörtexte verstehen, auch wenn schnell gesprochen […] wird	6 BE insgesamt, 1 BE pro Item 1 a 2 a 3 c 4 c 5 d 6 b

Teilaufgabe 3

Standardbezug Die Schülerinnen und Schüler können …	**Aufgabenerfüllung**
Hörverstehen ■ einem Hörtext […] Einzelinformationen entsprechend der Hörabsicht entnehmen ■ in Abhängigkeit von der jeweiligen Hörabsicht Rezeptionsstrategien anwenden ■ komplexe Hörtexte auch zu wenig vertrauten Themen erschließen ■ Hörtexte verstehen, auch wenn schnell gesprochen oder nicht Standardsprache verwendet wird	8 BE insgesamt, 1 BE pro Item Die Informationen in Klammern sind optional, bei Informationen, die mit „/" getrennt sind, handelt es sich um Antwortalternativen. **1.** a) trial and error / build a bridge, drive a chariot across it, see if it collapsed (1 BE) b) (use computers and) mathematical models (1 BE) **2.** absolutely no loss of life / absolutely no contamination by radiation (1 BE) **3.** (they design for) unusual conditions (so that the object safely performs its function) / if there is a failure, it should be gentle / listing of all the things that they think can go wrong (1 BE) **4.** ***any 2 out of the following:*** wind and snow / terrorist attacks / operators (in a control room) suddenly get sick / a meteorite falls on a nuclear power plant (2 BE) **5.** ***any 2 out of the following:*** pay attention to history / backward thinking / (constantly) test and revise assumptions / consider all/many relevant aspects (2 BE)

Teilaufgabe 4

Standardbezug Die Schülerinnen und Schüler können …	**Aufgabenerfüllung**
Hörverstehen ■ Einstellungen der Sprechenden erfassen ■ implizite Informationen erkennen und einordnen und deren Wirkung interpretieren ■ komplexe Hörtexte auch zu wenig vertrauten Themen erschließen ■ Hörtexte verstehen, auch wenn schnell gesprochen […] wird	2 BE insgesamt, 1 BE pro Item 1 b 2 a

D. Bewertungshinweise

Für die halboffene Teilaufgabe 3 gilt:

- Andere als im Erwartungshorizont ausgeführte Lösungen werden bei der Bewertung der Prüfungsleistung als gleichwertig gewürdigt, wenn sie der Aufgabenstellung entsprechen, sachlich richtig und nachvollziehbar sind.
- Lösungen in Stichpunkten sind zulässig.
- Zahlen dürfen in Ziffern angegeben werden.
- Rechtschreib- und Grammatikfehler werden bei der Bewertung nicht berücksichtigt, soweit sie nicht sinnentstellend sind.

Die insgesamt erreichten Bewertungseinheiten (BE) werden gemäß folgender Tabelle in Notenpunkte umgesetzt.

Notenpunkte	**mindestens zu erreichender Anteil an den insgesamt zu erreichenden Bewertungseinheiten**	**Anzahl der mindestens zu erreichenden Bewertungseinheiten**
15	100 %	22
14	95 %	21
13	90 %	20
12	85 %	19
11	80 %	18
10	75 %	17
9	70 %	16

8	65 %	15
7	60 %	14
6	55 %	13
5	50 %	11
4	45 %	10
3	40 %	9
2	30 %	7
1	20 %	5
0	0 %	0

E. Hinweise zur Aufgabe

Es handelt sich um authentische Hörtexte von amerikanischen und britischen Rundfunkanstalten sowie eine Studioaufnahme (Hörtext 1). Die Studioaufnahme *(non-scripted)* wurde mit Muttersprachlern erstellt.

Informationen zu den Teilaufgaben

task title	listening aim	duration	format	variety	text type	number of items
Tuition Fees	gist	2:41	matching	mixed	statements	6
American Dream	details + infering	2:57	multiple choice	AmE	podcast	6
Engineer-ing and Safety	details	2:57	note taking	AmE	report	8
Question Time	inferenc-ing	1:16	multiple choice	BrE	statements	2
	total	**9:51**				**22**

Allgemeine Hinweise zur Hörverstehensaufgabe im Abitur:

- Die Hörvorlage ist dem Anforderungsniveau angemessen hinsichtlich Sprechgeschwindigkeit, Häufigkeit der Sprecherwechsel, Überlappung beim Sprecherwechsel, Redundanz, Grad der Abweichung von der Standardsprache, Störgeräuschen.

- Die Aufgabe ist thematisch eingebettet.
- Die Aufgabe ermöglicht auch durch die Gesamtzahl und durch unterschiedliche Schwierigkeitsgrade der Teilaufgaben und Items eine Bewertung innerhalb des gesamten Notenspektrums.
- Die Teilaufgaben bilden **verschiedene Teilkompetenzen** des Hörverstehens ab.
- Die Aufgabenstellung berücksichtigt schwerpunktmäßig den Anforderungsbereich I, vereinzelt Anforderungsbereich II.
- Einlesezeiten, Bearbeitungszeiten und Anzahl der Hörvorgänge sind angemessen.
- Die Teilaufgaben können in **verschiedenen Aufgabenformaten** konstruiert sein.
- Die Teilaufgaben berücksichtigen den gesamten Text in angemessener Weise.
- Die Anordnung der Teilaufgaben entspricht im Wesentlichen der **Chronologie** des Hörtexts.
- Die Teilaufgaben sind soweit möglich voneinander unabhängig; eine Teilaufgabe gibt die Lösung einer anderen nicht vor.
- Die Bearbeitung der Teilaufgaben erfordert das Verstehen des Hörtexts und ist **nicht allein durch Weltwissen** möglich.
- Das Sprachniveau der Aufgabenstellungen übersteigt nicht das Sprachniveau der Hörvorlage.
- Bei geschlossenen Aufgabenformaten …
  - bezieht sich jedes Item auf eine wesentliche (Teil-)Aussage im Text;
  - entspricht die Anordnung der Items im Wesentlichen der Chronologie des Texts;
  - sind die Items voneinander unabhängig, ein Item gibt damit die Lösung zu einem anderen nicht vor;
  - sind die Antwortmöglichkeiten so konstruiert, dass sie sich syntaktisch und in ihrer Komplexität ähneln;
  - gibt es zu jedem Item eine eindeutige richtige Antwort;
  - wird **weder in Attraktoren noch in Distraktoren der Wortlaut des Originaltexts wiederholt;**
  - sind die Distraktoren plausibel.
- Die Aufgabe erfordert die Anwendung **verschiedener Hörstile**, z. B. globales, selektives, detailliertes und inferierendes Hören.
- Die Aufgabe prüft **nicht vorrangig Gedächtnisleistung.**

Institut zur Qualitätssicherung im Bildungswesen (Hrsg.): Aufgabensammlung – Aufgaben für das Fach Englisch. IQB: Berlin 2012. https://www.iqb.hu-berlin.de/bista/abi/englisch/aufgaben (letzter Zugriff am 15. 04. 2016).

2.2 Leseverstehen

DEFINITION

Die Schülerinnen und Schüler können authentische Texte auch zu abstrakteren Themen verstehen. Sie können ein umfassendes Textverständnis aufbauen, indem sie Hauptaussagen und Einzelinformationen entnehmen, diese Informationen in thematische Zusammenhänge einordnen, gezielt textinterne Informationen und externes Wissen heranziehen und auch wichtige implizite Aussagen erschließen (BiSta 2012: 15).

ERLÄUTERUNG Einige Begriffe der Einzelstandards sollen wieder kurz vorab erläutert werden:

- **Authentische** Texte: s. 2.1.
- **Textsorten:** Sachtexte und literarische Texte, neben kontinuierlichen auch diskontinuierliche Texte (u. a. Statistiken, Grafiken, Bilder, Werbeanzeigen, Plakate, Karikaturen), narrative/deskriptive/expositorische/argumentative Texte.
- **Entstehungszeiten:** neben aktuellen auch ältere Texte, z. B. Shakespeare.
- **Leseziel:** Erfassung der Hauptaussagen (globale Leseabsicht, *reading for gist, skimming, global comprehension*) oder Entnahme von Einzelinformationen (detailliertes oder selektives Leseverstehen, *reading for details, close reading, scanning, selective understanding*).
- **Explizit/implizit:** ausdrücklich im Text erwähnt oder mit enthalten bzw. logisch erschließbar.
- **Textintern/textextern:** innerhalb des Textes erwähnt oder auf Informationen außerhalb des Textes (Hintergrund-/Weltwissen) angewiesen.
- **Rezeptionsstrategien:** Visualisierungstechniken (Notizen, Markierungen, farbliche Unterstreichungen), Nutzung situationsspezifischer Lesestile *(skimming, scanning),* Dekodierungsverfahren (Einbezug des Kontexts, Nachschlagen unbekannter Wörter im Lexikon), grafische Ordnungstechniken (Mindmaps, Tabellen, Diagramme).
- **Struktur:** verschiedene Bestandteile eines Textes (z. B. Einleitung, Hauptteil, Schluss) bestimmen.
- **Gestaltungsmerkmale:** u. a. rhetorische Stilmittel *(irony, rhetorical question, antithesis* etc.), Tonfall (*serious, humorous, neutral tone* etc.), Argumentationsmuster (enumerativ, dialektisch), Quellenbezug (Experten, Statistiken).
- **Absicht/Wirkung:** u. a. informierend, emotiv, appellativ, persuasiv.

Im grundlegenden Niveau werden acht Einzelstandards unterschieden.

1. EINZELSTANDARD

S 1: Die SuS können Texte unterschiedlicher Textsorten und Entstehungszeiten erschließen.

TASK *Shakespeare's Sonnet 130:* **Decide** which of the following synopsis sentences **summarizes** this **Elizabethan poem** best:

a) The speaker describes his fear of the mistress.
b) The speaker describes married life with his beautiful wife.
c) The speaker describes a woman he is in love with although she is not beautiful.

2. EINZELSTANDARD

S 2: Die SuS können explizite und implizite Aussagen von Texten sowie deren Wirkungspotenzial erkennen und einschätzen.

TASK *Nostalgia Fatigue:* Read this Guardian article (http://www.theguardian.com/commentisfree/emma-brockes-column/2015/jul/30/nostalgia-fatigue-internet, letzter Zugriff am 15. 04. 2016):

1. **Point out** how and why Facebook tries to maintain nostalgia **(explicit information).**
2. **Explain** the message the author wants to get across by quoting her friend's question in the first paragraph **(implicit information).**

3. EINZELSTANDARD

S 3: Die SuS können Texte und Textteile mit Bezug auf ein spezifisches Leseziel auswählen.

TASK *Give Our Kids Rights over Their Digital World:* **Scan** this article (http://www.theguardian.com/commentisfree/2015/jul/29/give-kids-rights-over-their-digital-world-stupid-and-foolish-suzanne-moore, letzter Zugriff am 15. 04. 2016) **guided** by the following **questions:**

1. What is the campaign iRights about?
2. What are the five major aims of iRights?

4. EINZELSTANDARD

> *S 4: Die SuS können der Leseabsicht entsprechende Rezeptionsstrategien selbstständig anwenden.*

TASK *Have a Good Night's Sleep to Help You Remember* (http://europe.newsweek.com/have-good-nights-sleep-help-you-remember-330855, letzter Zugriff am 15.04.2016): During the second – **selective** – reading, **mark** and **organize** this Newsweek article in two steps.

1. Marking: The newspaper article mentions several studies and associations. Identify them and highlight each study or association as well as their findings regarding sleep in a different colour.
2. Organizing: Secure your results by writing them down in the following chart:

Study/Association	Findings
1	
2	
3	
4	

5. EINZELSTANDARD

> *S 5: Die SuS können die Hauptaussagen und deren unterstützende sprachliche und/oder inhaltliche Einzelinformationen erfassen.*

TASK *Social Dis-Ease* (Summit: 25): Read this excerpt from Kate Fox's famous book *Watching the English* (http://englischlehrer.de/media/kate_fox.php, letzter Zugriff am 15.04.2016):

a) Point out the **key statement** of her socio-anthropological analysis.
b) Enumerate the **criteria** she gives to **support** her thesis.
c) Analyze the phrase "social dis-ease" **linguistically.**

6. EINZELSTANDARD

> *S 6: Die SuS können die inhaltliche Struktur eines Textes nachvollziehen und Gestaltungsmerkmale in ihrer Wirkung erfassen.*

TASK *Edgar Allan Poe's The Tell-Tale Heart* (http://xroads.virginia.edu/~hyper/poe/telltale.html, letzter Zugriff am 15.04.2016): **Structure** this short story, and explore how different **features** contribute to the single **effect** (unity of effect).

7. EINZELSTANDARD

S7: Die SuS können die Absicht und Wirkung von Texten in deren zielkulturellen Zusammenhängen erkennen.

TASK *Blood, Toil, Tears and Sweat* (http://www.fiftiesweb.com/usa/winston-churchill-blood-toil.htm, letzter Zugriff am 15.04.2016): Study Winston Churchill's famous speech to the House of Commons and answer these questions:

a) In what **historic context** did Churchill deliver his speech?
b) What was the major **intention** behind his speech?
c) How did the phrase "I have nothing to offer but blood, toil, tears and sweat" **influence** the moral of the British population?

8. EINZELSTANDARD

S8: Die SuS können mehrfach kodierte Texte und Textteile, z. B. in Werbeanzeigen, Plakaten, Flugblättern, aufeinander beziehen und in ihrer Einzel- und Gesamtaussage erkennen, analysieren und bewerten.

TASK *England vs Italy:* Study this **photo-text collage** by following the three-step approach of **description – analysis – evaluation.**

http://www.huffingtonpost.co.uk/2014/06/11/england-vs-italy-funny-tweet_n_5483516.html (letzter Zugriff am 15.04.2016)

Im erhöhten Niveau werden drei Einzelstandards unterschieden.

9. EINZELSTANDARD

S 9: Die SuS können darüber hinaus selbstständig komplexe Texte unterschiedlicher Textsorten und Entstehungszeiten auch zu wenig vertrauten Themen erschließen.

TASK *Men of England* by Percy Bysshe Shelley (http://www.poetryfoundation.org/poem/183987, letzter Zugriff am 15. 04. 2016):
Global comprehension (after the first reading):
What is the main topic of this **19th century poem?**
Detailed comprehension (after the second reading):

1. Explain the bee metaphor.
2. What does the poet mean when he calls England a "sepulchre" in the last stanza?

10. EINZELSTANDARD

S 10: Die SuS können darüber hinaus die inhaltliche Struktur von komplexen Texten erkennen und dabei Gestaltungsmerkmale in ihrer Funktion und Wirkung analysieren.

TASK *Macbeth* by William Shakespeare, I.7:

1. **Divide** the **dialogue** between Macbeth and Lady Macbeth into different **parts.**
2. What **argumentative and rhetorical features** does Lady Macbeth use to convince her husband?
3. Evaluate which of Lady Macbeth's sentences has the greatest **impact** on Macbeth.

11. EINZELSTANDARD

S 11: Die SuS können darüber hinaus die Wirkung von Texten in deren zielkulturellen Zusammenhängen analysieren.

TASK George Bush's *Address to a Terrified Nation* (Summit: 38ff. oder http://www.presidentialrhetoric.com/speeches/09.20.01.html, letzter Zugriff am 15. 04. 2016): **Analyze** this speech with regard to the features of a **crisis speech,** and evaluate its **effect** on US politics.

UNTERRICHTSSZENARIO

Thema	The Dutch Footballer from Japan
Standards	S 1, 3, 4, 5, 6, 8, 10 + Sprechen + Schreiben + Text- und Medienkompetenz + interkulturelle kommunikative Kompetenz
Material	Elko Born: Football, globalization, and the Dutchman from Japan (see below)
Anbindung	**Topics:** Globalization, sport, soccer, decreasing relevance of national borders, changes in national identity, reading techniques **Lead-in:** a) What are your favourite football teams and players? What nationality do they belong to? b) What Dutch and Japanese football players do you know? c) Look at the two photos: What do they have in common? **Follow-up:** ■ Watching an international football match with English live commentary ■ Viewing and extracting information from the explainer video "Explainity explains … globalization" (http://www.youtube.com/watch?v=JJ0nFD19eT8, letzter Zugriff am 15. 04. 2016) ■ Assessing the suitability of such paper cut-out explainer videos ■ Studying another aspect of globalization, e. g. the garment industry
Aufgabe	1. **Lead-in:** see above 2. **Skimming:** Skim the text. You only have 90 seconds to find out the gist of the text. 3. **Global comprehension:** Summarize the article in one sentence. 4. **Scanning:** Scan the text to find the answers to the following questions: a) What are the characteristics of people living in diasporas? b) What has Pelé got to do with a globalized world? c) How does Mike Havenaar feel about his nationality? 5. **Selective comprehension:** Collect your results in class. 6. **Close reading:** a) Content: Read the text carefully and make notes on the content of each paragraph.

b) Structure: Read the text again and examine its structure. Add the following categories to your notes from a):
thesis – example – cause – detail – background information – result – quotation – opposite viewpoint – conclusion – outlook.

c) Text type: Explain what type of text this is and analyze its tone.

7. **Detailed comprehension:**
Let's compare your results.
8. **Conclusion:**
Why does the author regard this aspect of globalization so positively? Do you share his view? Explain why (not).
9. **Homework:**
Research a football player (or another sports star) who shares similar international experiences, and make notes.

Football, globalization, and the Dutchman from Japan

Some scholars argue that the process of 'globalization' (broadly defined as the global integration of various aspects of culture) started in the 16th century, when maritime empires such as Portugal and the Dutch Republic started colonizing parts of Asia and the Americas, setting up trade routes and kickstarting modern capitalism along the way. Others argue that it wasn't Columbus who 'discovered' the Americas, that the ancient Greeks and the Romans used the so-called 'Silk Route' to trade with China, and that the process of 'globalization' started when humans first started interacting with others of their kind.

Nonetheless, it's fair to state that in recent decades, the process of globalization – whenever it may have started – reached a new phase: the phase of automatization and the gradual diminishing of the relevance of national borders. Just think of the Internet, the EU, and of eating Kettle crisps whilst crossing the border between France and Belgium without showing anyone your passport.

The birth of modern football, of course, largely coincided with this new phase in globalization. During the 1960s, when politicians were negotiating the supranational perimeters of the European Union (dubbed by some as the modern day Habsburg Empire), football produced its first superstars.

The fame of footballers like Pelé reached far beyond Brazil, and across the world, people took time off to sit in front of their black and white television sets to watch the South American legend play. Indeed, when Pelé jokingly put himself ahead of Jesus Christ by telling a reporter that "there are parts

An early example of globalization: trade in the time of Marco Polo (13th century)

Mike Havenaar

of the world where Jesus Christ is not so well known", he wasn't even being absurd.

In modern day football, we see different manifestations of the ongoing process of globalization. National leagues filled with foreign players provide the obvious example: so far in 2013/2014, only 32.26 % of minutes in the Premier League – an 'English' league, but followed intensely by people from all over the world – were completed by English players, with a remarkable 8.1 % completed by players from France.

Another obvious example of globalization in football is the Champions League: an international competition, deemed as one of the most important and prestigious in the world. And it's not just international competitions that make football fans and stadium-goers travel outside the borders of their countries. To name just one example: this season Championship-side Leicester City was pleasantly surprised by a large contingent of R. S. C. Anderlecht fans showing up at the King Power Stadium to sing songs in praise of their former player Marcin Wasilewski – a Polish player – on multiple occasions. Unconstrained international travel and the internet make it all possible. [...]

Back in the early-modern period, trading diasporas functioned as communities of merchants living in foreign lands. They were semi-permanent residents. Not quite Dutch, English or Portuguese, but not quite native either. Often, these diasporas would be linked: with the mother-country, but with other diasporas as well. Diasporas, and the people living in them, were 'stateless': they lived in the world's twilight-zone, more or less unconfined by regionalism or primitive nationalism. In many ways, football

clubs are today's world's trading diasporas, employing footballers as merchants. They travel around, performing their profession.
But while we might be able to typify some of Vitesse's players as 'merchants', we would do well to rid the term of some of its negative connotations. The Arnhemmers' flirt with globalization has manifested itself in wonderful things as well. Take Mike Havenaar, a 6 foot 4 striker who looks Dutch, sounds Dutch, plays in the Dutch league … but is Japanese.
Mike was born in 1987 in Hiroshima, where his father, the Dutch goalkeeper Dido Havenaar, played for Mazda FC (now called Sanfrecce Hiroshima). Dido had initially planned to only stay in Japan for a short while, but the months became years and the years became a decade, until finally, the family decided to stay forever: "When I was little, I spoke Dutch with my parents but Japanese with all of my friends. Initially I felt somewhat torn between the two countries but as I got older, my love for the country where I was born grew. When I had to make a decision about my nationality, there was never any doubt", Havenaar told Fifa.com in an interview in 2013.
Havenaar, who conducts his interviews in English rather than Dutch, has a Japanese passport, and as such, he plays for the Japanese national team, making his debut in 2011 and scoring 3 goals in 16 matches.
Besides his name and his appearance, there's little to reveal his Dutch roots. Indeed, when Havenaar first moved to the Netherlands, he felt like a foreigner. "At first I had trouble acclimatising," he told Fifa.com, "but since then the Dutch in me – which I had kind of forgotten – has really come to the fore. Today I feel great, just like at home actually."
In this regard, the humility he displayed after injuring Stijn Schaars in Vitesse's 6-2 defeat of PSV in December 2013 spoke volumes. Havenaar visibly apologized about ten times, and his whole demeanour contrasted starkly with the reaction of the Dutch on and off the pitch.
Indeed, while merchants travel around and perform their profession, they not only take things, they leave things behind as well. Wonderful things, in the case of Mike Havenaar. The ongoing process of globalization, driving people as well as culture to travel from the Netherlands to Japan and back again, allows for the birth of the hybrid and unique.
Who knows, maybe one day Havenaar will move on to yet another league, and maybe he'll decide to stay there for a long time. Maybe he and his kids will stay there forever.

Elko Born: Football, globalization, and the Dutchman from Japan. In: The False Nine, 09.01.2014. http://www.thefalsenine.co.uk/2014/01/09/football-globalization-dutchman-japan/ (letzter Zugriff am 15. 04. 2016).

PRÜFUNGSAUFGABE FÜR LESEVERSTEHEN

IQB-Prüfungsaufgabe (grundlegendes Niveau)

Das Leseverstehen wird im Rahmen einer integrierten Lese-Schreib-Aufgabe geprüft. Die Entwicklung isolierter Leseverstehensaufgaben wurde für die Sammlung (und den Pool) verschoben.

A. Material für Schülerinnen und Schüler

Aufgabenstellung

Your class is taking part in a school project with a partner school in England dealing with the topic: *Conscious Consumers*. Your task is to write an article for the project website. You have come across this text by Adam Ferrier[1] and find it useful for your topic.

1. Summarize what Ferrier says about young people as consumers. (30 %)
2. Analyze the means the author uses to convince the reader of his position. (30 %)
3. Choose **one** of the following tasks: (40 %)

   3.1 "Young people are into marketing and love it, but that does not mean they understand the process." (l. 40 f.) Write your article for the project website, commenting on Ferrier's statement. Refer to the text at hand and to young people's experiences with marketing today.

   or

   3.2 Write your article for the project website, in which you assess your experience with a product, taking into consideration marketing promises.

Material

Young are not marketing savvy: they're suckers (2004)

The industry may kid itself that young people understand the finer points of marketing, but it's simply not the case. While many young people believe they're not prone to marketing hype or taken in by ads, they have no idea why they buy products – and marketing does, in fact, play a big role.

Consumers are not marketing savvy. Hell, most people who work in agencies aren't even marketing savvy. And most especially, young people are not marketing savvy. […] Consumers, and especially young people, are suckers for marketing. They love it and – this is my point – they don't know why.

When was the last time you asked a kid why they bought those sneakers and he or she replied, "Well I loved the way they embody Tiger Woods'[2] and the Nike swoosh[3] values of overcoming adversity on the side has over the years been cleverly associated with success, thereby ensuring I will be the envy of those poor kids who can't afford a pair … and the advertising did a terrific job of asso-

ciating the shoe with freedom, fun and fame … and finally the fact that they're limited release means I belong to an exclusive club of young up and comers."
If a kid answers that, then I'll believe he or she is marketing savvy (and a little demented!). More likely he or she will say, "Oh man these are the most comfortable shoes I've ever owned." […] He or she has no idea why they bought those shoes. They won't be wearing them next season, let alone next year.
Try it around the office. Ask people why they bought that item of clothing they're wearing and they'll tell you, "It was cheap", or "It's so comfortable", or "It's lasted so well", or even "I liked the look of it". People honestly believe they purchase goods and services for their functional attributes. They believe they are not suckers for marketing, that they can see above the glitz and the glam, that "the ads don't work on me", and young people are no exception. […]
They spend proportionately more of their disposable income on consumer goods than any other segment of the population. Why? Because they believe the marketing promises. They believe that purchasing branded goods will make them feel sexy, popular, in control and cool.
They are willing to spend $400 on a pair of jeans that are from the right brand, rather than a $60 pair from a different, 'uncool' brand. Are they willing to do this because they are marketing savvy? No, they are doing this because they don't understand the process, or the underlying reasons motivating their purchase decisions. They do not understand that they buy on the emotional promise of a brand (its values and associations). They believe they are buying for functional reasons. At best they may say they are purchasing "because it looks good", but because brands are now so strong, they distort our ability to judge aesthetics independent of the brand (for example: Will an identical pair of jeans look sexier if one has a Sass & Bide logo[4] on it? You bet they will). […]
Young people are into marketing and love it, but that does not mean they understand the process. People are also into crime, they love crime books, but that does not mean they are crime savvy – they don't understand how crime works or why people commit crime. Being interested in a topic doesn't make you an expert in it. Marketing is no exception.

581 words

Adam Ferrier: Young are not marketing savvy: they're suckers.
Sydney: B&T Weekly; 22 October 2004.

1 Adam Ferrier – Australian consumer psychologist
2 Tiger Woods – a famous African-American professional golfer
3 Nike swoosh – the logo of Nike, a manufacturer of sportswear
4 Sass & Bide – an Australian women's fashion label

B. Erwartungshorizont

Teilaufgabe 1

Standardbezug Die Schülerinnen und Schüler können …	**Aufgabenerfüllung**
Leseverstehen ■ die Hauptaussagen und deren unterstützende sprachliche und/oder inhaltliche Einzelinformationen erfassen **Schreiben** ■ Informationen strukturiert und kohärent vermitteln **Text- und Medienkompetenz** ■ sprachlich und inhaltlich komplexe, […] nicht-literarische Texte verstehen und strukturiert zusammenfassen	Es wird erwartet, dass die Schülerinnen und Schüler wesentliche Aussagen des Autors zum Konsumverhalten Jugendlicher in einem eigenständigen, kohärenten und strukturierten Text wiedergeben. **Inhaltliche Aspekte:** young people … ■ are fascinated by marketing ■ spend more on branded goods than other people ■ claim functional reasons when asked why they buy certain products ■ do not understand how they are influenced by marketing strategies, although they believe they do ■ have lost ability to make purely aesthetic judgments

Teilaufgabe 2

Standardbezug Die Schülerinnen und Schüler können …	**Aufgabenerfüllung**
Leseverstehen: ■ die inhaltliche Struktur eines Textes nachvollziehen und Gestaltungsmerkmale in ihrer Wirkung erfassen **Text- und Medienkompetenz:** ■ mithilfe sprachlichen, inhaltlichen sowie textsortenspezifischen und ggf. stilistisch-rhetorischen Wissens […] nicht-literarische Texte aufgabenbezogen analysieren, deuten und die gewonnenen Aussagen am Text belegen ■ die Wirkung spezifischer Gestaltungsmittel medial vermittelter Texte erkennen und deuten	Es wird erwartet, dass die Schülerinnen und Schüler die Haltung des Autors durch die Analyse der sprachlichen Mittel in einem kohärenten und strukturierten Text darstellen und dabei ■ den bewussten Einsatz verschiedener Gestaltungsmittel, die den Leser davon überzeugen sollen, dass Jugendliche die Marketingstrategien nicht durchschauen, analysieren; ■ verschiedene sprachliche Mittel erkennen und benennen, diese mit konkreten Textbeispielen belegen sowie deren Funktion im Text und ihre Wirkung auf den Leser darstellen.

Sprachbewusstheit:
■ über Sprache gesteuerte Beeinflussungsstrategien erkennen, beschreiben und bewerten
	Mögliche Aspekte:
	■ title: main idea of the whole article in a nutshell, contrast of formal and informal language
	■ direct speech, colloquialism, jargon – lend the text authenticity
	■ juxtaposition of fake reply of a youngster using psychological jargon and authentic colloquial reply (cf. ll.10 ff.,ll. 17 f.); humorous effect
	■ quotations: support the author's opinion
	■ various stylistic devices to emphasize certain aspects e. g.:
	  ■ (rhetorical) questions
	  ■ repetitions
	  ■ enumeration
	  ■ examples – illustrate author's claims
	  ■ analogy: marketing and crime fiction – makes arguments more credible

Teilaufgabe 3.1

Standardbezug Die Schülerinnen und Schüler können …	**Aufgabenerfüllung**
Schreiben: ■ sich argumentativ mit unterschiedlichen Positionen auseinandersetzen ■ Textsorten zielorientiert in eigenen Textproduktionen situationsangemessen verwenden **Interkulturelle kommunikative Kompetenz** ■ Werte, Haltungen und Einstellungen ihrer zielsprachigen Kommunikationspartner erkennen und unter Berücksichtigung des fremdkulturellen Hintergrundes einordnen **Text- und Medienkompetenz:** ■ Textvorlagen durch das Verfassen eigener – auch kreativer – Texte erschließen, interpretieren und ggf. weiterführen	Es wird erwartet, dass die Schülerinnen und Schüler eine begründete Stellungnahme zu den Erfahrungen junger Leute mit Marketing in Form eines Artikels auf der Grundlage des Zitats sowie des vorliegenden Textes und unter Einhaltung der formalen Anforderungen (z. B. klare Strukturierung mit Einleitung, argumentativem Hauptteil und daraus abgeleiteter Schlussfolgerung) erstellen. **Möglicher Textbezug:** ■ young people yield easily to marketing strategies ■ they believe they buy products for functional reasons but in fact often become easy prey for marketing strategists ■ they spend more money on branded goods than any other segment of the population

	Mögliche weitere Aspekte: ■ importance of marketing for today's young people (talking about commercials in peer group) ■ personalized advertisements in social media ■ image of certain brands (clothing or new electronic devices) ■ being taught about marketing at school (e.g. AIDA principle (attention – interest – desire – action), 4Ps (marketing mix; product – price – place – promotion): possible resistance to influence by marketing and advertising strategies ■ examples of young people who do not care about branded goods, buy second-hand clothes, fair-trade products

Teilaufgabe 3.2

Standardbezug Die Schülerinnen und Schüler können …	**Aufgabenerfüllung**
Schreiben: ■ eigene kreative Texte verfassen, ggf. in Anbindung an eine Textvorlage ■ Textsorten zielorientiert in eigenen Textproduktionen situationsangemessen verwenden **Text- und Medienkompetenz:** ■ Textvorlagen durch das Verfassen eigener – auch kreativer – Texte […] weiterführen	Es wird erwartet, dass die Schülerinnen und Schüler eine begründete Stellungnahme in Form eines Artikels zu ihren Erfahrungen mit einem Produkt ihrer Wahl und dessen Marketingversprechen unter Einhaltung der formalen Anforderungen (z. B. Überschrift, klare Strukturierung, überwiegend *formal register,* einzelne informelle Elemente möglich, auf Zielgruppe abgestimmter Einsatz sprachlicher Mittel) erstellen. **Mögliche inhaltliche Aspekte:** ■ image and marketing strategy of a product (e.g. in a commercial / advertisement, personalized marketing in social media) ■ reasons for interest in this product (e.g. quality, function or image, importance of brands in peer group) ■ reasons for being interested in no-name or second-hand products

	■ positive and negative aspects of marketing (e. g. information on new products versus pressure to constantly buy new products, shopaholics)

C. Bewertungshinweise

Die inhaltliche Leistung wird für jede Teilaufgabe gesondert bewertet. Für die Ermittlung der Gesamtnote für die inhaltliche Leistung sind die Einzelnoten der Teilaufgaben gemäß folgender Tabelle zu gewichten:

Teilaufgabe	Anforderungsbereiche	Gewichtung
1	I	30 %
2	II	30 %
3	II und III	40 %

Teilaufgabe 1

Die Leistungen werden mit **„gut" (11 Punkte)** bewertet, wenn die Schülerinnen und Schüler die wesentlichen Aussagen des Autors zum Konsumverhalten Jugendlicher in einem eigenständigen, kohärenten und klar strukturierten Text wiedergeben.

Die Leistungen werden mit **„ausreichend" (05 Punkte)** bewertet, wenn die Schülerinnen und Schüler einige wesentlichen Aussagen des Autors zum Konsumverhalten Jugendlicher in einem weitgehend eigenständigen, kohärenten und noch strukturierten Text wiedergeben.

Teilaufgabe 2

Die Leistungen werden mit **„gut" (11 Punkte)** bewertet, wenn die Schülerinnen und Schüler die Haltung des Autors durch eine detaillierte Analyse der wesentlichen sprachlichen Mittel in einem kohärenten und klar strukturierten Text darstellen, fundiert deuten und mit aussagekräftigen Beispielen belegen.

Die Leistungen werden mit **„ausreichend" (05 Punkte)** bewertet, wenn die Schülerinnen und Schüler die Haltung des Autors durch eine noch nachvollziehbare Analyse einiger sprachlicher Mittel in einem kohärenten und ansatzweise strukturierten Text darstellen, teilweise deuten und punktuell mit Beispielen belegen.

Teilaufgabe 3.1

Die Leistungen werden mit **„gut" (11 Punkte)** bewertet, wenn die Schülerinnen und Schüler eine fundiert begründete Stellungnahme in Form eines Artikels auf der Grundlage einer differenzierten Auseinandersetzung mit dem Zitat und dem vorliegenden Text unter Einhaltung der formalen Anforderungen erstellen.
Die Leistungen werden mit **„ausreichend" (05 Punkte)** bewertet, wenn die Schülerinnen und Schüler eine in Ansätzen begründete Stellungnahme in Form eines Artikels auf der Grundlage einer noch nachvollziehbaren Auseinandersetzung mit dem Zitat und dem vorliegenden Text unter weitgehender Einhaltung der formalen Anforderungen erstellen.

Teilaufgabe 3.2

Die Leistungen werden mit **„gut" (11 Punkte)** bewertet, wenn die Schülerinnen und Schüler …

- eine klar begründete Stellungnahme in Form eines Artikels zu ihren Erfahrungen mit einem Produkt ihrer Wahl und dessen Marketingversprechen unter Einhaltung der formalen Anforderungen erstellen,
- dabei eine reflektierte und differenzierte Darstellung der Marketingstrategie für ein Produkt und das eigene Konsumverhalten vornehmen.

Die Leistungen werden mit **„ausreichend" (05 Punkte)** bewertet, wenn die Schülerinnen und Schüler …

- eine in Ansätzen begründete Stellungnahme in Form eines Artikels zu ihren Erfahrungen mit einem Produkt ihrer Wahl und dessen Marketingversprechen unter weitgehender Einhaltung der formalen Anforderungen erstellen,
- dabei eine noch nachvollziehbare Darstellung der Marketingstrategie für ein Produkt und das eigene Konsumverhalten vornehmen.

Sprache: Die Bewertung der sprachlichen Leistung erfolgt ausschließlich für die gesamte Aufgabe. Dabei sind die „Hinweise zur Bewertung der sprachlichen Leistung" zugrunde zu legen.
Gewichtung: Inhaltliche Leistung und sprachliche Leistung sind zur Bewertung der Gesamtleistung im Verhältnis 40 % : 60 % zu gewichten. Eine ungenügende sprachliche oder inhaltliche Leistung schließt eine Note des jeweiligen Prüfungsteils von mehr als drei Punkten aus. Für alle Prüfungsteile wird diese Regelung jeweils getrennt angewendet.

Institut zur Qualitätssicherung im Bildungswesen (Hrsg.): Aufgabensammlung – Aufgaben für das Fach Englisch. IQB: Berlin 2012. https://www.iqb.hu-berlin.de/bista/abi/englisch/aufgaben (letzter Zugriff am 15. 04. 2016).

2.3 Sprechen

Anders als bei den anderen Kompetenzen unterscheiden die Bildungsstandards beim Sprechen zwischen zwei grundsätzlichen Kompetenzbereichen (BiSta 2012: 16 f.). So werden sowohl für den Bereich „An Gesprächen teilnehmen“ als auch für den Bereich „Zusammenhängendes monologisches Sprechen“ Einzelkompetenzen für grundlegendes und erhöhtes Niveau genannt.

An Gesprächen teilnehmen

DEFINITION

Die Schülerinnen und Schüler können sich weitgehend flüssig, sprachlich korrekt und adressatengerecht sowie situationsangemessen an Gesprächen beteiligen. Sie sind bereit und in der Lage, in einer gegebenen Sprechsituation zu interagieren, auch wenn abstrakte und in einzelnen Fällen weniger vertraute Themen behandelt werden (BiSta 2012: 16).

ERLÄUTERUNG **Dialogische/multilogische Sprechkompetenz** umfasst (ebenso wie monologisches Sprechen) **vier Teilkompetenzen: Flüssigkeit** *(fluency: fluent, natural, authentic use of oral English),* **Genauigkeit** *(accuracy: correct usage of linguistic rules),* **Bandbreite** *(complexity: wide range of lexis and structures, word and grammar power),* **Angemessenheit** *(appropriacy: pragmatically appropriate use of oral language in situation).* Dabei ist Sprechen nicht nur auf das **Sprachliche** beschränkt, sondern umfasst **Inhaltliches, Nonverbales** (Mimik, Gestik, Motorik, Proxemik), **Zwischenmenschliches** und **Emotionales** – all das will miteinander in Einklang gebracht werden (Thaler 2012: 182).
Je nach Typus des dialogischen Sprechens sind verschiedene **kommunikative Strategien** und **kulturelle Gesprächskonventionen** zu beachten. Beispielsweise können bei einer *discussion* folgende Schritte für den Lerner dienlich sein (Context: 282 f.):

The preparation stage

1. *Research the topic and make notes.*
2. *Form an opinion on it.*
3. *Structure your notes.*
4. *Prepare an initial statement.*

The discussion stage

1. *State your point of view on the topic.*
2. *Listen attentively to what others say and refer back to their statement:*

- *Say which of their arguments do not convince you and why.*
- *Counter an argument by asking a provocative question.*

- *Remember to bring in the facts you collected to support your view.*

3. At the end of your discussion, summarize your point of view.

Für alle Diskussionsphasen ist dabei das Verfügen über **Diskursmarker** *(discourse markers)* erforderlich, z. B. zur Signalisierung, dass man selbst etwas sagen möchte: *May I interrrupt; I would just like to jump in here to clarify; I hope you don't mind me interrupting, but ...*

Im grundlegenden Niveau werden sechs Einzelstandards unterschieden.

1. EINZELSTANDARD

S 1: Die SuS können ein adressatengerechtes und situationsangemessenes Gespräch in der Fremdsprache führen.

TASK *Reality TV:* "Big Brother out of this World" (Context: 26; http://www.dailymail.co.uk/sciencetech/article-2647104/Big-Brother-takes-MARS-Creators-reality-TV-document-progress-Mars-One-mission-applicants.html, letzter Zugriff am 15. 04. 2016): Get together in groups of three. Each student is given one part of this newspaper article. First skim your part of the text, then **summarize** it for your **group mates.** Afterwards **discuss** the role of reality TV in society and your **personal** lives.

2. EINZELSTANDARD

S 2: Die SuS können verbale und nicht-verbale Gesprächskonventionen situationsangemessen anwenden, um z. B. ein Gespräch oder eine Diskussion zu eröffnen, auf Aussagen anderer Sprecher einzugehen, sich auf Gesprächspartner einzustellen und ein Gespräch zu beenden.

TASK *The Andrew Marr Show:* First extracts of this hour-long British television programme broadcast on BBC One (http://www.bbc.co.uk/programmes/b0080bbs, letzter Zugriff am 15. 04. 2016) are shown to the students. Observation questions on **formal** and linguistic **features** of such a **panel discussion** may be:

- How does the moderator open the discussion?
- What are standard phrases of the participants when agreeing or disagreeing?
- What gestures do the participants use?
- How are they seated?
- How does the moderator end the discussion?

Afterwards a panel discussion on a current topic is staged in the **classroom.**

3. EINZELSTANDARD

> *S3: Die SuS können angemessene kommunikative Strategien bewusst einsetzen, um mit Nichtverstehen und Missverständnissen umzugehen.*

TASK *Refugee Crisis:* A **fishbowl discussion** is held on the current influx of refugees to Germany. First students get a **handout** with **discourse markers** needed when they **do not understand** or **misunderstand** things. Then four chairs are arranged in an inner circle (fishbowl), and the remaining chairs are put in concentric circles outside the fishbowl. Three students are selected to fill the fishbowl, while the rest of the group sit on the chairs outside the fishbowl, one chair is left empty (open fishbowl). The teacher introduces the topic, and the fishbowl students start **discussing** the topic. The students outside the fishbowl listen in on the discussion, and one of them may always walk to the empty chair.

4. EINZELSTANDARD

> *S4: Die SuS können sich zu vertrauten Themen aktiv an Diskussionen beteiligen sowie eigene Positionen vertreten.*

TASK ***Cooperative Cooperation:*** In this **cooperative learning** technique, a certain topic, e. g. "Social media – blessing or curse?", is **discussed** in six steps:

1. Students form groups of four, which divide into pairs.
2. One pair is pro, the other pair is con. They prepare to present their opinions.
3. The first pair **presents opinions,** the other pair takes notes.
4. They debate back and forth.
5. Pairs reverse roles and repeat steps 3–5.
6. Students attempt to achieve consensus.

5. EINZELSTANDARD

> *S5: Die SuS können in informellen und formellen Situationen persönliche Meinungen unter Beachtung kultureller Gesprächskonventionen ausdrücken und begründen.*

TASK ***Debating Society on the motion*** "The Monarchy in Britain Should Be Abolished". A **debate**, i. e. a **formalized** method of **discussing** the two sides of an issue with a strict structure, is held in the classroom. The structure of the debate may follow the typical 16 steps (Summit: 292), and useful **discourse markers** for debating should have been made available beforehand.

6. EINZELSTANDARD

S 6: Die SuS können zu aktuell bedeutsamen Sachverhalten in Gesprächen oder Diskussionen Stellung nehmen.

TASK *Think Local – Act Local:* A **current event** or **issue** in your home town or school is **discussed**, and possible measures or **solutions** are suggested. Examples: building a youth centre, staging an open-air concert, planning the final class trip, European and World Championships in soccer.

Im erhöhten Niveau werden drei Einzelstandards unterschieden.

7. EINZELSTANDARD

S 7: Die SuS können darüber hinaus sich an Diskussionen zu weniger vertrauten Themen aktiv beteiligen, auf differenzierte Äußerungen anderer angemessen reagieren sowie eigene Positionen vertreten.

TASK *Me, a Shakespeare Expert:* After reading selected monologues of famous Shakespeare protagonists (Richard III, Macbeth, Lady Macbeth, Hamlet, Juliet), the class compares them: You are **Shakespeare scholars** from various universities in Britain. Take part in a **discussion** about the question which Shakespeare hero or heroine is the most attractive one for modern readers.

8. EINZELSTANDARD

S 8: Die SuS können darüber hinaus ein adressatengerechtes und situationsangemessenes Gespräch in der Fremdsprache führen und sich dabei spontan und weitgehend flüssig äußern.

TASK *Zipper Technique on Pet Peeves:* A pet peeve (pet hate) is a complaint about a certain behaviour which may not bother other people, but makes you angry. These behaviours may involve disrespect, relationships, family issues, personal hygiene, or manners, e. g. when people do not say "Excuse me" when bumping into you.
Have an **informal class discussion** on your **pet peeves:**
- What is your pet peeve?
- Why does it bother you?
- Do you tell the person to stop it?
- Can such habits be changed?

Talk about your pet hates **fluently,** and **comment** on your classmates' favourites **spontaneously.**

9. EINZELSTANDARD

S 9: Die SuS können darüber hinaus zu aktuellen wie generell bedeutsamen Sachverhalten Stellung nehmen und in Diskussionen ggf. verschiedene Positionen sprachlich differenziert formulieren.

TASK *Three-step Interview:* The **current** topic of brain-enhancing pills is discussed in three steps:

1. Students are **in pairs:** interviewer and interviewee.
2. Students **reverse** their **roles.**
3. Students share ideas with their team members or **discuss** with the rest of the class.

UNTERRICHTSSZENARIO

Thema	Being German
Standards	S 1 – S 6 + monologisches Sprechen + Leseverstehen + interkulturelle kommunikative Kompetenz
Material	Unterrichtsszenario in Anlehnung an Summit: 15 (adaptiert)
Anbindung	**Topics:** Identity, Britishness, Germanness, current political events **Lead-in:** Teacher writes the following question on the board: "Britishness – what does it mean to you as a German?" In a flash poll, every student answers in one sentence. **Follow-up:** "Don't mention the war": Students watch *Fawlty Towers – Episode 6: The Germans* (http://www.dailymotion.com/video/x27pqdy_fawlty-towers-s01e06-the-germans_shortfilms, letzter Zugriff am 15. 04. 2016), and make a list of all the prejudices and stereotypes they can spot. The lists are discussed in class.
Aufgabe	**1. Statement:** Read this statement by a British expat: *"Being British is about driving in a German car to an Irish pub for a Belgian beer, then travelling home, grabbing an Indian curry or a Turkish kebab on the way, to sit on Swedish furniture and watch American shows on Japanese TV. And the most British thing of all? Suspicion of anything foreign."* **2. Discussion:** Illustrate why this statement might also be a good description of being German.

3. **Preparing a one-minute speech:**
   a) Reflect on what it means to be "German" for you.
   b) Consider current events such as the influx of refugees as well.
   c) Make a few notes.
   d) Start your statement like this: "Being German is about ... (+ a few gerund constructions)."
   e) Finish your statement by saying: "And the most German thing? It's ..."
4. **Class discussion**
   Students deliver their speeches and get immediate feedback. Opinions are supported or contradicted.
5. **Teacher tries to draw a conclusion.**

Zusammenhängendes monologisches Sprechen

DEFINITION

Die Schülerinnen und Schüler können klare und detaillierte Darstellungen geben, ihren Standpunkt vertreten und erläutern sowie Vor- und Nachteile verschiedener Optionen angeben (BiSta 2012: 16).

ERLÄUTERUNG Zusammenhängendes monologisches Sprechen stellt die **vierte** und höchste Stufe monologischen Sprechens dar – nach Nachsprechen (z.B. Lehrbuchtexte), Rezitation (z.B. Gedichte) und Reproduktion (z.B. Lernspiele). Sie erfordert nicht nur die v**ier Phasen des Sprechprozesses** – *conceptualization* (Organisation des Inhalts), *formulation* (Ausdrucksfindung), *articulation* (Kontrolle des Sprechapparates), *self-monitoring* (selbstständige Reflexion, Kontrolle) –, sondern auch **Methoden- und Medienkompetenzen** (z.B. bei Präsentationen).

Im grundlegenden Niveau werden vier Einzelstandards unterschieden.

1. EINZELSTANDARD

S 1: Die SuS können Sachverhalte bezogen auf ein breites Spektrum von Vorgängen des Alltags sowie Themen fachlichen und persönlichen Interesses strukturiert darstellen und ggf. kommentieren.

TASK *Really Oral Two-minute Talk:* Prepare a **talk** of two minutes on a **current event** you have read or heard about in the last few days. Study the characteristics of **spoken English** on your handout (see below), and put them into practice.

Characteristics of Spoken English	
Contraction	He's nice. I've got a problem.
Weak forms	It's ten *to* four. That's a matter *of* taste.
Vowel reductions	I can't see him/her.
Loss of consonants	Funnies(t) thing, las(t) year
Assimilation of consonants	Great Britain: t becomes b
Hesitations	hmm, um, erm
Fillers	well, you know
Repetitions	I didn't, I didn't believe it.
False start	I knew, I mean, I detested this attitude.
Self-correction	I lived – I've lived in Germany all my life.
Question tag	You believe me, don't you?
Vague language	Sort of, or whatever, like
Connectors	Anyway, so, and, but, then
Ellipsis	Ever seen one? Know him?

2. EINZELSTANDARD

S 2: Die SuS können für Meinungen, Pläne oder Handlungen klare Begründungen bzw. Erläuterungen geben.

TASK *Working Abroad* (Context Starter Speaking Practice): Imagine you **work for an international company** with branches all over the world. During your first year working there, you have to visit another branch in a different country to get to know the company better. Unfortunately you forgot about the meeting you will have with your boss this morning to talk about **which country** you are **interested** in visiting and **why.**
Take about five minutes to prepare your **talk.** Make notes if you wish. You might want to consider the points below, but feel free to include your own ideas as well.

- **Why** do you want to go there?
- **What** do you already know about the country?
- **How long** do you want to stay there?

- Can you speak the language of that country or do you want to learn it?
- Does the country have different customs and manners?
- What might be difficult for you?
- What can you learn from the experience?
- ...

3. EINZELSTANDARD

S 3: Die SuS können nicht-literarische und literarische, auch mediale Textvorlagen sprachlich angemessen und kohärent vorstellen.

TASK *My Favourite Movie:* Students can **present** their favourite **movies** in a 45-minute lesson each. The following points must be included:

- Rationale: Point out why this is your favourite film.
- Synopsis: Summarize the plot of the film.
- Film clip: Show a segment of the film you like particularly.
- Analysis: Explain form and function of this segment, and state why you like it.
- Evaluation: Discuss with the rest of the class on the quality of your film.

4. EINZELSTANDARD

S 4: Die SuS können im Kontext komplexer Aufgabenstellungen eigene mündliche Textproduktion, z. B. Vorträge, Reden, Teile von Reportagen und Kommentare, planen, adressatengerecht vortragen und dabei geeignete Vortrags- und Präsentationsstrategien nutzen.

TASK *Youth Radio Comment:* A local youth **radio** channel features a weekly three-minute **comment** on noteworthy quotes by famous people. The following week, the **aphorism** to be commented on is:

"I speak Spanish to God, Italian to women, French to men, and German to my horse."

Comment on this quote, which Charles V, Holy Roman Emperor, is supposed to have once said. The following aspects help you to prepare your radio contribution (Context Starter Speaking Practice):

- Why do you think Charles V chose to speak each language in each situation?
- If you could speak Spanish, Italian, French, and German, would you use them in the same kinds of situations?
- What is special about each one of these languages?
- How do each of these languages sound?
- What about English, the language Charles V ignored?

■ Do you speak different languages with different people?

When presenting, try to keep up your **listeners' attention** by using examples and irony.

Im erhöhten Niveau werden drei Einzelstandards unterschieden.

5. EINZELSTANDARD

S5: Die SuS können darüber hinaus Sachverhalte bezogen auf ein breites Spektrum von anspruchsvollen Themen fachlichen, persönlichen und kulturellen Interesses strukturiert darstellen und kommentieren.

TASK *How European Are You?* Prepare a short **speech** of three minutes on the legitimacy and importance of the **European Union.** You can make use of the following aspects, but should add your own ideas.

Positive aspects of Europe	Negative aspects of Europe
No borders Common identity Stable economy Common experiences ...	Financial crises (Greece etc.) Influx of refugees Loss of national sovereignty Lower standards ...

6. EINZELSTANDARD

S6: Die SuS können darüber hinaus komplexe nicht-literarische und literarische, auch mediale Textvorlagen sprachlich angemessen und kohärent vorstellen und dabei wesentliche Punkte und relevante unterstützende Details hervorheben.

TASK *Shakespeare in Print and Film:* The teacher hands out a list of **Shakespeare dramas** and **film adaptations.** Each student chooses one play or movie. They have a few weeks to prepare their presentation, and they are free in the choice of the media to support their talk. However, each of them has to make a two-page **handout** with the **main points** for the fellow students to take home.

7. EINZELSTANDARD

S7: Die SuS können darüber hinaus eine Präsentation klar strukturiert und flüssig vortragen, ggf. spontan vom vorbereiteten Text abweichen und auf Nachfragen zum Thema eingehen.

TASK *Mobile Phone Etiquette* (Context Starter Speaking Practice): Mobile phones are everywhere, and it is hard to imagine our lives today without them. Although mobiles can be fun and can help you to stay in touch, mobile phone users often get on the nerves of other people.
You deliver a ten-minute **talk** to a group of people who need to improve their mobile phone manners. In your **powerpoint presentation,** you discuss several rules for polite mobile phone use, and give examples of times when you have seen the rules broken. Be prepared that some members of the **audience** may **disagree** with you, and **react** accordingly. You may **divert** from your plan and insert personal anecdotes.
Consider the rules below, but feel free to include your own ideas as well.

Rules for mobile phone usage:
- Don't talk loudly on your phone in public places, e.g. on the train or bus.
- Turn your phone on silent mode during public events.
- Don't use your mobile phone while driving, eating in a restaurant, paying at the cash register, waiting in line, etc.
- ...

UNTERRICHTSSZENARIO

Thema	PechaKucha: Watching the English
Standards	S 4, 5, 6, 7 + Lesen + interkulturelle kommunikative Kompetenz
Material	■ Kate Fox: *Watching the English* (see below) ■ cartoon *You can tell I'm British because* (see below) ■ peer evaluation sheet (see below)
Anbindung	**Topics:** British culture, way of life, British identity, intercultural learning **Lead-in:** ■ cartoon *You can tell I'm British because* ■ Fox (2004): cover and excerpt **Follow-up:** ■ Staging a PechaKucha competition for the whole school ■ Writing a review of Kate Fox's book ■ Sending an e-mail to Kate Fox ■ Inviting Kate Fox to a school reading
Aufgabe	1. **Lead-in:** The cartoon *You can tell I'm British because* is presented, enjoyed and discussed.

2. **Kate Fox: Watching the English**
   a) The cover and blurb (newspaper reviews extracts) are shown and read out.
   b) The first page of the introduction (p. 1, see below) is read together.
3. **Topics**
   14 themes for the students' individual presentations, which are based on the contents of Fox's book, are distributed:
   - The weather
   - Grooming talk
   - Humour rules
   - Linguistic class codes
   - Mobile phone talk
   - Pub talk
   - Home rules
   - Rules of the road
   - Work to rule
   - Rules of play
   - Dress codes
   - Food rules
   - Rules of sex
   - Rites of passage
4. **Preparing PechaKucha**
   The students are told that they have to use Kate Fox's relevant chapter as starting point for their presentation and do the talk in the PechaKucha format. This is a presentation style in which 20 slides are shown for 20 seconds each (6 minutes and 40 seconds in total). Such a format keeps presentations concise and fast-paced. The students get a few weeks' time to prepare their talks.
5. **PechaKucha presentations**
   The students deliver their talks, one (or between two and five) per lesson. Depending on the number of talks per lesson, feedback may be given in the form of a class discussion or peer-evaluation sheets (see below).
6. **Reflection**
   The PechaKucha format is evaluated.

© Antje Kahl

Watching the English: Introduction

Anthropology at home

I am sitting in a pub near Paddington station, clutching a small brandy. It's only about half past eleven in the morning – a bit early for drinking, but the alcohol is part reward, part Dutch courage. Reward because I have just spent an exhausting morning accidentally-on-purpose bumping into people and counting the number who said 'Sorry'; Dutch courage because I am now about to return to the train station and spend a few hours committing a deadly sin: queue jumping. I really, really do not want to do this. I want to adopt my usual method of getting an unsuspecting research assistant to break sacred social rules while I watch the result from a safe distance. But this time, I have bravely decided that I must be my own guinea pig. I don't feel brave. I feel scared. My arms are all bruised from the bumping experiments. I want to abandon the whole stupid Englishness project here and now, go home, have a cup of tea and lead a normal life. Above all, I do not want to go and jump queues all afternoon. Why am I doing this? What exactly is the point of all this ludicrous bumping and jumping (not to mention all the equally daft things I'll be doing tomorrow)? Good question. Perhaps I'd better explain.

The 'Grammar' of Englishness

We are constantly being told that the English have lost their national identity – that there is no such thing as 'Englishness'. There has been a spate of books bemoaning this alleged identity crisis, with titles ranging from the plaintive *Anyone for England?* to the inconsolable *England: An Elegy*. Having spent much of the past twelve years doing research on various aspects of English culture and social behaviour – in pubs, at racecourses, in shops, in night-clubs, on trains, on street corners – I am convinced that there is such a thing as 'Englishness', and that reports of its demise have been greatly exaggerated. In the research for this book, I set out to discover the hidden, unspoken rules of English behaviour, and what these rules tell us about our national identity. The object was to identify the commonalities in rules governing English behaviour – the unofficial codes of conduct that cut across class, age, sex, region, sub-cultures and other social boundaries. [...] My aim, if you like, was to provide a 'grammar' of English behaviour. [...]

Kate Fox: Watching the English – The Hidden Rules of English Behaviour. Hodder & Stoughton: London 2004. S. 1.

Presentation Evaluation Rubric

Evaluator: .... Name of course /teacher: ....
Student: .... Title of presentation: ....
Date of presentation: .... Term: ....

Excellent (5 points) / **Good** (4) / **Satisfactory** (3) / **Needs improvement** (2) / **Poor** (1)

Area	Criteria	Score
Presentation Content (5 points)	**Introduction** ■ Topic was announced and introduced clearly. ■ Purpose of presentation was made clear. ■ Outline of points was previewed. **Body** ■ Fine understanding of the topic was shown. ■ Transitions between ideas were made clear. ■ Information given was relevant. ■ Points were well-organized. **Conclusion** ■ Presentation was summed up effectively. ■ Closing statement was noteworthy. **Time frame** ■ Presentation fell within required time frame. ■ PechaKucha time limits were stuck to.	
Presentation Technique (5 points)	■ Presenter spoke fluently, correctly and stylistically appropriately. ■ A variety of phrases and sentence structures were used (complexity). ■ The speaker seemed prepared.	
Presentation Aid (5 points)	**Materials used for presentation** Visual aids were: ■ carefully prepared (legible, interesting, enhancing, clear and visible). ■ relevant to content and emphasizing main points. ■ formally correct: no language mistakes (grammar, vocabulary, spelling, punctuation).	
Presentation Delivery (5 points each)	**Verbal Delivery** ■ Presenter spoke clearly and fluently. ■ Presenter demonstrated enthusiasm. ■ Presenter's voice was audible. ■ Presenter spoke at a good pace. **Nonverbal Delivery** ■ Presenter kept eye contact with audience. ■ Presenter showed strong posture and meaningful gestures. ■ Presenter appeared self-confident and assured.	
Discussing with audience (5 points) (optional)	■ Presenter was willing to answer the questions. ■ Presenter was able to answer the questions. ■ Presenter actively raised questions. ■ Presenter showed very good knowledge.	
TOTAL: 30 (25)		

PRÜFUNGSAUFGABE FÜR SPRECHEN

IQB-Prüfungsaufgabe (erhöhtes Niveau)

A. Material für Schülerinnen und Schüler

Topic: What Changes our World

Imagine you and your partners prepare a group presentation for an international youth conference on "What changes our world". You want to use a total of four images out of six available to illustrate developments you all find crucial.

a) Present your two images and explain how they relate to your topic. You are expected to talk for about two minutes.

b) Discuss which images best illustrate the changes you want to focus on. You want to use a total of four images to illustrate developments you all find crucial. Try to agree on four pictures for your presentation.

Prüfungsteilnehmer A

1492, Columbus taking possession of the new country

1969, Buzz Aldrin and the U.S. flag on the Moon

Prüfungsteilnehmer B

21st century, global warming

21st century, hybrid power plant

Prüfungsteilnehmer C

2011, Occupy Wall Street – protests against social injustice

2008, anti-war protest in the US

B. Erwartungshorizont

Teilaufgabe a

Standardbezug Die Schülerinnen und Schüler können …	**Aufgabenerfüllung**
Sprechen: Zusammenhängendes monologisches Sprechen ■ Sachverhalte bezogen auf ein breites Spektrum von anspruchsvollen Themen fachlichen, persönlichen und kulturellen Interesses strukturiert darstellen […] ■ komplexe […] mediale Textvorlagen sprachlich angemessen und kohärent vorstellen und dabei wesentliche Punkte und relevante unterstützende Details hervorheben	Es wird erwartet, dass die Schülerinnen und Schüler strukturiert ihre Bilder präsentieren. Dabei erläutern sie den Zusammenhang zum Thema der geplanten Präsentation. Mögliche Aspekte: **Partner A:** ■ geographical and space exploration, discovering new worlds ■ their impact on how we see the world **Partner B:** ■ environmental problems and ways to solve them by using technical developments ■ increased environmental consciousness **Partner C:** ■ mass movements against social injustice and political wrongs ■ increased political awareness

Teilaufgabe b

Standardbezug Die Schülerinnen und Schüler können …	**Aufgabenerfüllung**
Sprechen: An Gesprächen teilnehmen ■ verbale und nicht-verbale Gesprächskonventionen situationsangemessen anwenden, um z. B. ein Gespräch oder eine Diskussion zu eröffnen, auf Aussagen anderer Sprecher einzugehen, sich auf Gesprächspartner einzustellen und ein Gespräch zu beenden ■ sich an Diskussionen zu weniger vertrauten Themen aktiv beteiligen, auf differenzierte Äußerungen anderer angemessen reagieren sowie eigene Positionen vertreten ■ ein adressatengerechtes und situationsangemessenes Gespräch in der Fremdsprache führen und sich dabei spontan und weitgehend flüssig äußern ■ angemessene kommunikative Strategien bewusst einsetzen, um mit Nichtverstehen und Missverständnissen umzugehen ■ zu aktuellen wie generell bedeutsamen Sachverhalten Stellung nehmen und in Diskussionen ggf. verschiedene Positionen sprachlich differenziert formulieren **Interkulturelle kommunikative Kompetenz** ■ ihr Wissen über Kommunikation anwenden und fremdsprachige Konventionen beachten, u. a. zur Signalisierung von Distanz und Nähe	Es wird erwartet, dass die Schülerinnen und Schüler diskutieren, welche Bilder sie für ihre Präsentation auswählen und versuchen, sich auf vier Bilder zu einigen. Sie machen eigene Vorschläge, begründen diese und gehen auf die Vorschläge der anderen ein. Sie berücksichtigen dabei das Thema und die Zielgruppe ihrer zu planenden Präsentation. In der Diskussion interagieren sie flexibel, höflich und situationsangemessen. Dabei verwenden sie angemessene Kommunikationsstrategien, um überzeugend zu argumentieren, eine Einigung zu erzielen und die Diskussion zu strukturieren.

C. Bewertungshinweise

Die vorliegende Sprechaufgabe wird als in sich geschlossene Aufgabe betrachtet.

Teilaufgabe a und b

Die Leistungen werden mit **„gut" (11 Punkte)** bewertet, wenn die Schülerinnen und Schüler …

- ihre Bilder strukturiert präsentieren,
- den Zusammenhang zum Thema der geplanten Präsentation differenziert erläutern,
- überzeugend diskutieren und zielorientiert versuchen, eine Einigung zu erzielen.

Die Leistungen werden mit **„ausreichend" (05 Punkte)** bewertet, wenn die Schülerinnen und Schüler …

- ihre Bilder noch strukturiert präsentieren,
- den Zusammenhang zum Thema der geplanten Präsentation in Ansätzen erläutern,
- diskutieren und sich bemühen, eine Einigung zu erzielen.

Für die Bewertung der sprachlichen Leistung sind die „Hinweise zur Leistungsbewertung bei Prüfungen zum Kompetenzbereich Sprechen" zugrunde zu legen. Der sprachlichen Leistung kommt ein deutlich höheres Gewicht zu.

D. Hinweise zur Aufgabe

Themen für Aufgaben im Kompetenzbereich Sprechen entsprechen den in den Bistas genannten Bereichen (vgl. BiSta 2012: 12). Die hier vorliegende Aufgabe ist so gestaltet, dass drei Schülerinnen und Schüler jeweils ein gemeinsames Thema bearbeiten.

Die Aufgabe besteht aus einer monologischen Phase und der sich daraus entwickelnden Diskussion (dialogisch/multilogisch).

Der einleitende Impuls erfolgt durch Fotos. Dabei erhalten die Partner A, B und C jeweils Materialien, die unterschiedliche Aspekte des gemeinsamen Themas abbilden. Dem Charakter dieser Materialien als Sprechimpulse folgend, wird keine analytisch-interpretierende Bearbeitung erwartet, vielmehr geht es um das Erfassen und Einordnen der relevanten Inhalte sowie eine Erläuterung und Kommentierung hinsichtlich des Themas.

Nach der monologischen Phase folgt eine Diskussion zur Bearbeitung der Teilaufgabe b), in der die Gesprächspartner aufeinander Bezug nehmen und ergebnisorientiert argumentieren.

Der zeitliche Rahmen der Gesamtprüfung umfasst maximal 25 Minuten. Dabei ist von folgenden Richtwerten für den konkreten Ablauf auszugehen:

- In der Begrüßungsphase erfolgen die Übergabe der Aufgaben sowie die Sicherstellung des Verständnisses der Aufgabenstellung. Danach sind etwa 3 Minuten Zeit, sich individuell mit der jeweiligen Aufgabenstellung vertraut zu machen.
- In der monologischen Phase werden die Materialien in einem individuellen Redebeitrag von jeweils etwa 2 Minuten (insgesamt etwa 6 Minuten) kurz vorgestellt und in das Thema eingeordnet.
- Für den multilogischen Teil, in dem die sprachliche Interaktion im Zentrum steht, sind etwa 15 Minuten einzuplanen.

Die hier vorgestellte Aufgabe geht von einer Gruppenprüfung mit drei Teilnehmern aus; sie ist aber auch als Zweierprüfung mit veränderter Aufgabenstellung in Teilaufgabe b) (Einigung auf drei statt vier Bilder) und mit leicht verkürzten Zeiten im zweiten Teil (dann maximal 20 Minuten) durchführbar.

Institut zur Qualitätssicherung im Bildungswesen (Hrsg.): Aufgabensammlung – Aufgaben für das Fach Englisch. IQB: Berlin 2012. https://www.iqb.hu-berlin.de/bista/abi/englisch/aufgaben (letzter Zugriff am 15.04.2016).

2.4 Schreiben

DEFINITION

> Die Schülerinnen und Schüler können Texte zu einem breiten Spektrum von Themen des fachlichen und persönlichen Interesses adressatengerecht und textsortenspezifisch verfassen. Sie verfügen über Techniken und Strategien des formellen, informellen und kreativen Schreibens (BiSta 2012: 17).

ERLÄUTERUNG Beim Schreiben von Texten handelt es sich um einen komplexen Vorgang, der in mehrere Teilprozesse untergliedert werden kann. Am Anfang steht ein **Schreibziel**, das entsprechend organisiert **(Planung)**, danach verschriftlicht **(Formulierung)** und schließlich mehrmals überprüft und revidiert wird **(Überarbeitung).**

Einige knappe Begriffsklärungen wiederum vorneweg:

- **Textsorten**, orientiert an den Sprachfunktionen:
  - informatives Schreiben (z. B. *designing a leaflet*),
  - analysierendes Schreiben (z. B. *analyzing rhetorical devices in a text*),
  - memorierendes Schreiben (z. B. *note-taking*),
  - persuasives Schreiben (z. B. *writing the transcript of a speech*),
  - affektives Schreiben (z. B. *diary entry*),
  - phatisches Schreiben → Kontaktpflege (z. B. *writing a holiday postcard*),
  - kreatives Schreiben (z. B. *creating a poem*),
  - außerdem in letzter Zeit der **Sprech-Schreib-Hybrid:** Chat, Blogs, SMS; *blog entry* auch in der Abiturprüfung immer öfters gefordert.
- **Kreative Texte:** wenn Texte neu gestaltet, nachgestaltet, umgestaltet oder in andere Medien (z. B. Hörspiel) übertragen werden.
- **Strukturiertheit:** klarer Aufbau (z. B. Einleitung, Hauptteil, Schluss), Abschnitte, *topic sentences, linking words,* Gliederung als Voraussetzung.
- **Kohärenz:** inhaltlicher Zusammenhang eines Textes auf logisch-semantischer Ebene → Kohäsion: syntaktischer Zusammenhang eines Textes auf äußerer Gestaltebene, z. B. Tempus-Formen, Pronomen.

Im grundlegenden Niveau werden insgesamt acht Einzelstandards unterschieden.

1. EINZELSTANDARD

> *S 1: Die SuS können Schreibprozesse selbstständig planen, umsetzen und reflektieren.*

TASK *Educating Rita* by Willy Russell: After reading this excerpt from the play (Summit: 195ff., whole script: http://www.script-o-rama.com/movie_scripts/e/educating-rita-script-transcript-caine.html, letzter Zugriff am 15.04.2016), **write** a **characterization** of Rita. → Students have to **plan** and **structure** their answer **independently**, e.g. distinguish between direct and indirect characterization, or identify Rita's (non-standard) language as a marker of social background.

2. EINZELSTANDARD

S 2: Die SuS können Texte in formeller oder persönlich-informeller Sprache verfassen und dabei wesentliche Konventionen der jeweiligen Textsorten beachten.

TASK *Refugees:* What is your opinion on the rising number of immigrants to Germany? Write an **e-mail** to your **exchange student** in the UK. You may refer to the Guardian article "Migrant Arrivals at EU Borders Reach Record High" (http://www.theguardian.com/world/2015/aug/19/migrant-arrivals-at-eu-borders-reaches-record-high, letzter Zugriff am 15.04.2016).

3. EINZELSTANDARD

S 3: Die SuS können Informationen strukturiert und kohärent vermitteln.

TASK *Text analysis* (of any fictional or non-fictional text): **Analyze** the different **means** the author uses to convince the reader of his view. → Students may follow the six-step approach, which is a **structured** way of answering comprehension and analysis questions:
Step 1: Reflecting → Read the question carefully.
Step 2: Scanning → Look for relevant passages in the text.
Step 3: Marking → Highlight the passages found.
Step 4: Reducing → Determine the key items and order them.
Step 5: Writing → Answer in complete and coherent sentences.
Step 6: Editing → Check your answer as to content and language.

4. EINZELSTANDARD

S 4: Die SuS können sich argumentativ mit unterschiedlichen Positionen auseinandersetzen.

TASK *Argumentative essay:* **Write** a **dialectical text** (pros and cons) of about 150 words on the topic: "Are e-books the future of reading?".

5. EINZELSTANDARD

S5: Die SuS können Texte zu literarischen und nicht-literarischen Textvorlagen verfassen.

TASK *Martyn Pig* by Kevin Brooks: After reading this young adult **novel, write** a **review** of it.

6. EINZELSTANDARD

S6: Die SuS können eigene kreative Texte verfassen, ggf. in Anbindung an eine Textvorlage.

TASK *Upside-down writing* (reverse-reading comprehension): The comprehension **questions** on a text are not **answered** after, but **before reading** it.

1. Teacher: We are going to read a text, but first let me give you the comprehension questions.
2. Teacher dictates about five questions and asks students to write them down.
3. Teacher rifles through his/her papers, and pretends ("Oh dear!") to have forgotten the reading text.
4. Teacher asks students to **make up the answers** (and they may be as silly as they like).
5. A time limit is set, five minutes, for example.
6. When the students have written something for each question, the answers are presented and discussed.
7. Finally the original text is handed out, and compared with the students' ideas.

7. EINZELSTANDARD

S7: Die SuS können Textsorten zielorientiert in eigenen Textproduktionen situationsangemessen verwenden.

TASK *Blog:* You have just read the article *Cellphones Get Weak Reception in Classrooms* (http://www.theglobeandmail.com/report-on-business/careers/business-education/cellphones-getweak-reception-in-classrooms/article21454188/, letzter Zugriff am 15.04.2016). The use of cellphones at almost every occasion, which includes the school environment, seems to be a major concern of your school authorities as well. As the **editor** of your **online school magazine, write** a **blog entry** in which you refer to the article and **present** your **own view** of the issue.

8. EINZELSTANDARD

S 8: Die SuS können diskontinuierliche Vorlagen in kontinuierliche Texte umschreiben.

TASK *Cartoon:* **Describe**, **analyze** and **evaluate** this **cartoon.**

"Now what's this I hear about rising oceans?"

© Shutterstock/Cartoonresource

Im erhöhten Niveau werden drei Einzelstandards unterschieden.

9. EINZELSTANDARD

S 9: Die SuS können darüber hinaus aus einem breiten Spektrum eine Textsorte auswählen, in eigenen Textproduktionen situationsangemessen und adressatengerecht umsetzen und dabei die Konventionen der jeweiligen Textsorte beachten.

TASK *Letter of motivation:* Imagine you want to apply for your dream job. Write a **letter of application** (cover letter, personal statement, statement of purpose). Mind the aspects you have to cover in such a **formal letter** (Summit: 278 f.; Context: 195).

10. EINZELSTANDARD

S 10: Die SuS können darüber hinaus bei der Textgestaltung funktionale Gesichtspunkte, z. B. Leserlenkung und Fokussierung, beachten.

TASK *Buy My Gadget:* Choose one of the following everyday objects and **design** an **advertisement:** a lighter, an ink eraser, a sleep mask, a clothes peg. Include a **persuasive text passage** in which you **convince** a potential buyer to **purchase** your gadget, e. g. by **stressing** one important feature.

11. EINZELSTANDARD

S 11: Die SuS können darüber hinaus literarische und nicht-literarische Textvorlagen transformieren, z. B. einen historischen Text in einen modernen Text umwandeln, einen Text mit fachsprachlichen Elementen für eine andere Zielgruppe adaptieren.

TASK *Shakespeare for All Times:* **Transform** the **early modern English** of Shakespeare's Sonnet 116 ("Let me not to the marriage of true minds / Admit impediments. Love is not love / Which alters when it alteration finds …") into **modern English.**

UNTERRICHTSSZENARIO

Thema A New Flash Fiction Author

Standards S 1, 2, 3, 6, 10 + monologisches Sprechen

Material
- Handout: Structure of a short story (see below)
- See also: Context Starter Speaking Practice (Flash Fiction I: ideas adapted)

Anbindung

Topics:
Flash fiction, creative writing, crime story

Lead-in:
The teacher presents an example of flash fiction. An intriguing crime story is *The Scarlatti Tilt* by Richard Brautigan:
"It's very hard to live in a studio apartment in San Jose with a man who's learning to play the violin." That's what she told the police when she handed them the empty revolver.

Follow-up:
Students transform their story into a video and upload it at YouTube. For an example of Brautigan's adaptation into a short clip, go to: http://www.youtube.com/watch?v=sWaeZbVzjXM (letzter Zugriff am 15. 04. 2016).

Aufgabe Become a flash fiction author and create your own crime story:

1. **Structure:**
   Teacher gives the students the handout on the structure of a short story (diagram and explanations).
2. **Story skeleton:**
   Teacher: Below are the first and last lines of a story. Keeping the five elements of a story in mind, write the full story.

I opened the door and the ice cold air blew against my face.

...

...

...

The police officer said, "You're coming with me to the police station!"

3. **Story writing:**
   Students have ten minutes time to write their stories.
4. **Storytelling preparation:**
   Teacher: Prepare to tell your story as dramatically as possible. Use different volumes of your voice, make pauses, create sounds, use mime and gestures.
5. **Storytelling:**
   Some students tell their stories.
6. **Gallery walk:**
   The stories are put up on the wall, so that the students can read all of them.
7. **Competition:**
   In a secret ballot, the best three stories are voted on, and the winners get book prizes.

The Structure of a Short Story

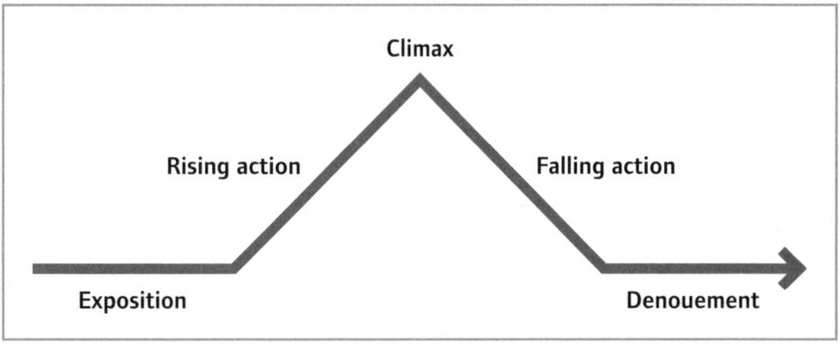

1. **Exposition:**
   Introduces the characters and setting, sets the mood, hints at the topic.
2. **Rising action:**
   Features a problem in the story.
3. **Climax:**
   The most important event happens.
4. **Falling action:**
   The conflict begins to be resolved.
5. **Resolution (denouement):**
   The conflict is resolved.

PRÜFUNGSAUFGABE FÜR SCHREIBEN

IQB-Prüfungsaufgabe (grundlegendes Niveau)

A. Material für Schülerinnen und Schüler

Aufgabenstellung

1. Describe the protagonist's lifestyle. (20 %)
2. Examine which stylistic means are used to present Airworld, taking into account their effect on the reader. Give evidence from the text. (40 %)
3. Choose **one** of the following tasks: (40 %)

   3.1. You have been offered a job which involves constant travelling. Write a letter to a friend, discussing such a lifestyle. Come to a conclusion as to whether you would accept the job offer.

   or

   3.2. "Fast friends aren't my only friends, but they're my best friends" (l. 17). Write a blog entry for a social network commenting on the quotation.

Material

Up in the Air (2002)

The protagonist in Walter Kirn's novel "Up in the Air" is Ryan Bingham, 35, an American business consultant.

Planes and airports are where I feel at home. Everything fellows like you dislike about them – the dry, recycled air alive with viruses; the salty food that seems drizzled with warm mineral oil; the aura-sapping[1] artificial lighting – has grown dear to me over the years, familiar, sweet. I love the Compass Club lounges in the terminals, especially the flagship Denver club, with its digital juice dispenser and deep suede sofas and floor-to-ceiling views of taxiing aircraft. I love the restaurants and snack nooks near the gates, stacked to their heat lamps with whole wheat mini-pizzas and gourmet caramel rolls. I even enjoy the suite hotels built within sight of the runways on the ring roads, which are sometimes as close as I get to the cities that my job requires me to visit. I favor rooms with kitchenettes and conference tables, and once I cooked a Christmas feast in one, serving glazed ham and sweet potato pie to a dozen janitors and maids. They ate with me in rotation, on their breaks one or two at a time, so I really got to know them, even though most spoke no English. I have a gift that way. If you and I hadn't hit it off like this, if the only words we'd passed were "That's my seat" or "Done with that Business Week?" or just "Excuse me," I'd still regard us as close acquaintances and hope that if we met again up here we wouldn't be starting from zero, as just two suits. […]

Fast friends aren't my only friends, but they're my best friends. Because they know the life – so much better than my own family does. We're a telephone family, strung out along the wires, sharing our news in loops and daisy chains. We don't meet face-to-face much, and when we do there's a dematerialized feeling, as though only half of our molecules are present. Sad? Not really. We're a busy bunch. And I'm not lonely. If I had to pick between knowing just a little about a lot of folks and knowing everything about a few, I'd opt for the long, wide-angle shot, I think.
I'm peaceful. I'm in my element up here. Flying isn't an inconvenience for me, as it is for my colleagues […]. I've never aspired to an office at world headquarters, close to hearth and home and skybox, with a desk overlooking the Front Range of the Rockies and access to the ninth-floor fitness center. I suppose I'm a sort of mutation, a new species, and though I keep an apartment for storage purposes – actually, I left the place two weeks ago and transferred the few things I own into a locker I've yet to pay the rent on, and may not – I live somewhere else, in the margins of my itineraries.
I call it Airworld; the scene, the place, the style. My hometown papers are USA Today and the Wall Street Journal. The big-screen Panasonics in the club rooms broadcast all the news I need, with an emphasis on the markets and the weather. My literature – yours, too, I see – is the bestseller or the near-bestseller, heavy on themes of espionage, high finance, and the goodness of common people in small towns. In Airworld, I've found, the passions and enthusiasms of the outlying society are concentrated and whisked to a stiff froth. […] Airworld is a nation within a nation.

573 words

Walter Kirn: Up in the Air, New York 2002, pp. 5–7.

1 aura-sapping – hier: nivellierend, gleichmachend

B. Erwartungshorizont

Teilaufgabe 1

Standardbezug Die Schülerinnen und Schüler können …	**Aufgabenerfüllung**
Leseverstehen ■ die Hauptaussagen und deren unterstützende […] inhaltliche Einzelinformationen erfassen **Schreiben** ■ Informationen strukturiert und kohärent vermitteln ■ Texte zu literarischen […] Textvorlagen verfassen **Interkulturelle kommunikative Kompetenz** ■ ihr Orientierungswissen über die Zielkulturen in vielfältigen Situationen anwenden: Aspekte der Alltagskultur und Berufswelt […] **Text- und Medienkompetenz** ■ sprachlich und inhaltlich komplexe, literarische […] Texte verstehen und strukturiert zusammenfassen	Es wird erwartet, dass die Schülerinnen und Schüler in einem strukturierten und kohärenten Text den Protagonisten und seinen Lebensstil beschreiben. **Inhaltliche Aspekte:** ■ no longer lives in his own home ■ regards planes and airports as his home ■ normal disadvantages of travel are regarded as pleasant ■ relationships are maintained with distance ■ adapted to a globalized world

Teilaufgabe 2

Standardbezug Die Schülerinnen und Schüler können …	**Aufgabenerfüllung**
Schreiben ■ Informationen strukturiert und kohärent vermitteln ■ Texte zu literarischen […] Textvorlagen verfassen **Text- und Medienkompetenz** ■ mithilfe sprachlichen, inhaltlichen sowie textsortenspezifischen und ggf. stilistisch-rhetorischen Wissens literarische […] Texte aufgabenbezogen analysieren, deuten und die gewonnenen Aussagen am Text belegen ■ sich mit den Perspektiven und Handlungsmustern von Akteuren, Charakteren und Figuren auseinandersetzen	Es wird erwartet, dass die Schülerinnen und Schüler kohärent und strukturiert und mit Bezug zum Text die Erzählperspektive sowie den Sprachgebrauch des Protagonisten im Hinblick auf deren Wirkung auf den Leser untersuchen. **Mögliche Aspekte:** ■ first-person narrator ■ limited point of view ■ follow narrator's assessment of Airworld and its inhabitants as a new species ■ stylistic devices highlighting the feeling of constantly being on the move or in the air and the idea of Airworld being a nation of its own ■ alliterations (l. 4, l. 19, l. 23 f.)

Sprachbewusstheit ■ über Sprache gesteuerte Beeinflussungsstrategien erkennen, beschreiben und bewerten	■ use of personal pronouns, e. g. use of inclusive "we" ■ short sentences ■ protagonist presents aspects which are generally perceived as negative in a positive way: ■ "recycled air alive with viruses" (l. 2) ■ "food drizzled with warm mineral oil" (ll. 2–3) ■ Christmas dinner with strangers (janitors) ■ dematerialized feeling seen as positive

Teilaufgabe 3.1

Standardbezug Die Schülerinnen und Schüler können ...	**Aufgabenerfüllung**
Schreiben ■ Informationen strukturiert und kohärent vermitteln ■ Texte zu literarischen [...] Textvorlagen verfassen ■ Textsorten zielorientiert in eigenen Textproduktionen situationsangemessen verwenden **Interkulturelle kommunikative Kompetenz** ■ ihr Orientierungswissen über die Zielkulturen in vielfältigen Situationen anwenden **Text- und Medienkompetenz** ■ sich mit den Perspektiven und Handlungsmustern von Akteuren, Charakteren und Figuren auseinandersetzen ■ bei der Deutung eine eigene Perspektive herausarbeiten und plausibel darstellen	Es wird erwartet, dass die Schülerinnen und Schüler in einem kohärenten, strukturierten und den formalen Anforderungen eines persönlichen Briefes (z. B. Anrede, Datum, Grußformel, ggf. leicht informelles Register und informelle Sprachstrukturen) entsprechenden Text zu einer begründeten Stellungnahme gelangen. **Mögliche Aspekte:** ■ concepts of life ■ relationships ■ individuality ■ anonymity ■ loneliness ■ career options ■ mobility (real and social) ■ success

Teilaufgabe 3.2

Standardbezug Die Schülerinnen und Schüler können …	**Aufgabenerfüllung**
Schreiben ▪ Informationen strukturiert und kohärent vermitteln **Text- und Medienkompetenz** ▪ ihr Erstverstehen kritisch reflektieren, relativieren und ggf. revidieren **Interkulturelle kommunikative Kompetenz** ▪ ihr Orientierungswissen über die Zielkulturen in vielfältigen Situationen anwenden	Es wird erwartet, dass die Schülerinnen und Schüler in einem kohärenten, strukturierten und den formalen Anforderungen eines Blogeintrags entsprechenden Text (leicht informelles Register und informelle Sprachstrukturen, evtl. Emoticons) eine begründete Stellungnahme zu der Aussage formulieren, in dem auch die Begriffe *fast friends* und *best friends* erläutert werden. **Mögliche Aspekte:** ▪ friends in social networks ▪ social media ▪ importance of real or digital relationships ▪ anonymity, superficiality and spontaneity in relationships ▪ globalized friendships ▪ globalized values

C. Bewertungshinweise

Anforderungsbereiche und Gewichtung der Teilaufgaben: Die inhaltliche Leistung wird für jede Teilaufgabe gesondert bewertet. Für die Ermittlung der Gesamtnote für die inhaltliche Leistung sind die Einzelnoten der Teilaufgaben gemäß folgender Tabelle zu gewichten:

Teilaufgabe	Anforderungsbereiche	Gewichtung
1	I	20 %
2	II	40 %
3	II und III	40 %

Teilaufgabe 1

Die Leistungen werden mit **„gut" (11 Punkte)** bewertet, wenn die Schülerinnen und Schüler in einem kohärenten und klar strukturierten Text den Protagonisten und seinen Lebensstil differenziert beschreiben.

Die Leistungen werden mit **„ausreichend" (05 Punkte)** bewertet, wenn die Schülerinnen und Schüler in einem kohärenten und ansatzweise strukturierten Text den Protagonisten und seinen Lebensstil in Grundzügen beschreiben.

Teilaufgabe 2

Die Leistungen werden mit **„gut" (11 Punkte)** bewertet, wenn die Schülerinnen und Schüler …

- kohärent, klar strukturiert und mit präzisem Bezug zum Text die Erzählperspektive sowie den Sprachgebrauch des Protagonisten hinsichtlich der Wirkung auf den Leser differenziert untersuchen,
- dabei differenziert stilistische und sprachliche Mittel des Erzählers herausarbeiten und ihre Wirkung benennen.

Die Leistungen werden mit **„ausreichend" (05 Punkte)** bewertet, wenn die Schülerinnen und Schüler …

- kohärent, ansatzweise strukturiert und mit weitgehendem Bezug zum Text die Erzählperspektive sowie den Sprachgebrauch des Protagonisten hinsichtlich der Wirkung auf den Leser in Grundzügen untersuchen,
- dabei einige stilistische und sprachliche Mittel des Erzählers herausarbeiten und ihre Wirkung benennen.

Teilaufgabe 3.1

Die Leistungen werden mit **„gut" (11 Punkte)** bewertet, wenn die Schülerinnen und Schüler in einem kohärenten, klar strukturierten und den formalen Anforderungen eines persönlichen Briefes umfassend entsprechenden Text zu einer differenziert begründeten Stellungnahme gelangen.

Die Leistungen werden mit **„ausreichend" (05 Punkte)** bewertet, wenn die Schülerinnen und Schüler in einem kohärenten, ansatzweise strukturierten und den formalen Anforderungen eines persönlichen Briefes grundsätzlich entsprechenden Text zu einer in Ansätzen begründeten Stellungnahme gelangen.

Teilaufgabe 3.2

Die Leistungen werden mit **„gut" (11 Punkte)** bewertet, wenn die Schülerinnen und Schüler in einem kohärenten, klar strukturierten und den formalen Anforderungen eines Blogeintrags umfassend entsprechenden Text eine differenziert begründete Stellungnahme zu der Aussage und ihrem Verständnis von Freundschaft verfassen.

Die Leistungen werden mit **„ausreichend" (05 Punkte)** bewertet, wenn die Schülerinnen und Schüler in einem kohärenten, ansatzweise strukturierten und den formalen Anforderungen eines Blogeintrags grundsätzlich entsprechenden Text eine in Ansätzen begründete Stellungnahme zu der Aussage und ihrem Verständnis von Freundschaft verfassen.

Sprachliche Leistung: Die Bewertung der sprachlichen Leistung erfolgt ausschließlich für die gesamte Aufgabe. Dabei sind die „Hinweise zur Bewertung der sprachlichen Leistung" zugrunde zu legen.

Gewichtung von inhaltlicher und sprachlicher Leistung: Inhaltliche Leistung und sprachliche Leistung sind zur Bewertung der Gesamtleistung im Verhältnis 40 % : 60 % zu gewichten. Eine ungenügende sprachliche oder inhaltliche Leistung schließt eine Note des jeweiligen Prüfungsteils von mehr als drei Punkten aus. Für alle Prüfungsteile wird diese Regelung jeweils getrennt angewendet.

Allgemeine Hinweise zur Schreibaufgabe im Abitur:

- Die Länge des Texts bzw. der Texte beträgt für das grundlegende Anforderungsniveau insgesamt maximal 800 Wörter, für das erhöhte Anforderungsniveau insgesamt maximal 1000 Wörter.
- Die Materialien bieten die Möglichkeit, Text- und Medienkompetenz, interkulturelle kommunikative Kompetenz oder Sprachbewusstheit zu zeigen.
- Sofern in Teilaufgaben Wahlmöglichkeiten angeboten werden, sind diese in ihren Anforderungen gleichwertig.
- Die Anforderungsbereiche (AFB I, II, III) sind über die Aufgabe hinweg dem Anforderungsniveau entsprechend berücksichtigt.
- Die Aufgabe ermöglicht Bezüge zur Erfahrungswelt der Prüflinge.
- Die Aufgabe fokussiert Aspekte, die in einer Zielkultur gesellschaftlich relevant sind.
- Die Aufgabe ist so gestaltet, dass die Teilaufgaben eine Progression vom **Textverständnis** über die **Analyse** zur persönlichen **Stellungnahme** erlauben.
- Eine der Teilaufgaben bietet die Möglichkeit zu einer adressatenbezogenen Textproduktion. Der Adressaten- und Situationsbezug sowie der Zweck des zu erstellenden Textes werden genannt.

Institut zur Qualitätssicherung im Bildungswesen (Hrsg.): Aufgabensammlung – Aufgaben für das Fach Englisch. IQB: Berlin 2012. https://www.iqb.hu-berlin.de/bista/abi/englisch/aufgaben (letzter Zugriff am 15. 04. 2016).

2.5 Sprachmittlung

DEFINITION

> Die Schülerinnen und Schüler können – auch unter Verwendung von Hilfsmitteln und Strategien – wesentliche Inhalte authentischer mündlicher oder schriftlicher Texte, auch zu weniger vertrauten Themen, in der jeweils anderen Sprache sowohl schriftlich als auch mündlich adressatengerecht und situationsangemessen für einen bestimmten Zweck wiedergeben (BiSta 2012: 18).

ERLÄUTERUNG Sprachmittlung kann **bimodal**, d. h. schriftlich und mündlich, sowie **bidirektional**, d. h. vom Deutschen ins Englische und vom Englischen ins Deutsche, erfolgen. Im Abitur konzentriert man sich allerdings auf eine schriftliche L1-L2-Mittlung. Obwohl in einer weiten Begriffsdefinition auch Übersetzung und Dolmetschen unter *Mediation* subsumiert werden, bezieht sich die „echte Sprachmittlung" **(enge Definition)** auf die sinngemäße Übertragung wesentlicher Informationen von einer Sprache in eine andere (Textverarbeitung statt Textabbildung).

Einige Begriffsklärungen vorab:

- **Hilfsmittel:** ein- und zweisprachige Wörterbücher, Wörterbuch der deutschen Rechtschreibung (abhängig von länderspezifischen Regelungen).
- **Strategien:** verschiedene Lese- und Schreibstrategien, Vermeidung *(avoidance of hard words)*, Kompensation *(substitution)*, Umschreibung *(circumlocution)*, Vereinfachung *(simplification)*, Umwandlung direkter in indirekte Rede, im Mündlichen auch nonverbale Techniken (Gestik, Mimik, Motorik).
- **Situationsangemessenheit:** abhängig von Raum, Zeit, Verhältnis zwischen Sender und Empfänger, Rollenbeziehungen, Zweck.
- **Adressatenorientierung:** Anpassung des wiedergegebenen Inhalts bezüglich Niveau und Stil an den jeweiligen Rezipienten.
- **Zweck:** Aufgaben *(tasks)* mit verschiedenen Zielrichtungen und Textsorten je nach Adressat und Situation: *summarize the content of a text, summarize a text guided by a few questions, prepare a presentation/speech/blog entry, point out important details, explain the meaning of a statement, paraphrase a passage, explain charts or graphs.*
- **Interkulturelle Kompetenz:** Ergänzung der interlingualen Kompetenz um eine interkulturelle, Anwendung fremdkultureller Wissens und soziokulturellen Orientierungswissens → Hinzufügen von für das Verstehen notwendigen Erläuterungen, Antizipation möglicher Missverständnisse unter Berücksichtigung des Welt- und Kulturwissens des Partners, Erkennen der

Bedeutungsunterschiede von Wörtern in unterschiedlichen Kontexten, Höflichkeit, Anrede.
- **Kreativität:** Sich-Lösen vom Original des Ausgangstexts, sinngemäße Übertragung in eigenen Worten, evtl. Neu- oder Umgestaltung, Übertragung in ein anderes Medium, z. B. Wiedergabe eines schriftlichen Texts in mündlicher Form oder eines auditiven Texts in schriftlicher Form.

Im grundlegenden Niveau werden vier Einzelstandards unterschieden.

1. EINZELSTANDARD

S 1: Die SuS können Informationen adressatengerecht und situationsangemessen in der jeweils anderen Sprache zusammenfassend wiedergeben.

TASK *Der Schuh des Manitu:* You take a distant **relative** of yours from **England** to a friend's house where he and some friends are holding their regular **film evening.** This time they are watching the popular **western spoof** *Der Schuh des Manitu* (some of them for the fifth time!). Your relative finds the scene in which two of the main actors are tied to a stake particularly funny, but **cannot understand** very much of what they are saying (Summit Mediation: 77 f.).
Mediate this sketch by giving your **friend** information on these aspects:
- communicative situation: what? who? where? when? why?
- why Abahachi and Ranger are in trouble
- why Abahachi, Ranger, Falscher Hase and Santa Maria met
- how and why Falscher Hase died according to Abahachi
- what Abahachi accuses Santa Maria of and how Santa Maria reacts
- how the scene ends

2. EINZELSTANDARD

S 2: Die SuS können interkulturelle Kompetenz und entsprechende kommunikative Strategien einsetzen, um adressatenrelevante Inhalte und Absichten in der jeweils anderen Sprache zu vermitteln.

TASK *English proverbs:* Read through the **English sayings** listed here:
- What goes around, comes around.
- It's raining cats and dogs.
- Not my cup of tea.
- Twice the pride, double the fall.
- The grass is always greener on the other side of the fence.

Imagine you are a **German exchange student in England.** You are writing a blog about your **life in England** for your family and friends in Germany. Today's blogpost will be about five of the funniest English sayings. Find their German equivalents, and **write a blog entry,** in which you also refer to the **cultural background** of the proverbs.

3. EINZELSTANDARD

S 3: Die SuS können bei der Vermittlung von Informationen gegebenenfalls auf Nachfragen eingehen.

TASK *School exchange:* Your **partner school** from **Kinross/Scotland** is currently visiting your school in Germany. Robert, a boy about your age, is responsible for their school **newspaper** and has to write an article about the typical **school day** of a **German** student. He is **interviewing** you, but, as his German is not so good, has **difficulties** understanding the meaning of these **words:**

- *Gymnasium*
- *Abitur*
- *AG*
- *Nachsitzen*

Write a **dialogue** with your partner, and make sure to **include** the **words** given above and their **explanations.**

4. EINZELSTANDARD

S 4: Die SuS können Inhalte unter der Nutzung von Hilfsmitteln, wie z. B. Wörterbüchern, durch Kompensationsstrategien, wie z. B. Paraphrasieren, und gegebenenfalls Nutzung von Gestik und Mimik adressatengerecht und situationsangemessen sinngemäß übertragen.

TASK *Taboo:* You get **German words** you have to **paraphrase in English** in only one minute. Be careful: avoid the words listed below.

- *Privatsphäre* (privacy)
  avoid: data, human right, Facebook
- *verbinden* (connect)
  avoid: interact, two people, worldwide
- *Spam* (junk mail)
  avoid: advertisements, virus, hacker

You can use **facial expressions** and **gestures** if you want. Your **team** has to come up with the **English equivalent.** The team with the highest score wins the game.

Im erhöhten Niveau werden zwei Einzelstandards unterschieden.

5. EINZELSTANDARD

S 5: Die SuS können darüber hinaus für das Verstehen erforderliche Erläuterungen hinzufügen.

TASK *E-mail exchange:* Imagine you are spending a school year in **Ireland.** You are **exchanging e-mails** with your **friend in Germany,** who is also interested in Ireland and its history and politics. **Summarize** the content of this **article:** "Margaret Thatcher made the north of Ireland a more bitterly divided place" (http://www.theguardian.com/commentisfree/2013/apr/09/thatcher-legacy-bitterness-north-ireland, letzter Zugriff am 15. 04. 2016). Make sure to **explain** the following **expressions,** as your friend might not be familiar with them: *shoot-to-kill actions – IRA activists – British secretary of state – Downing Street – Sinn Féin.*

6. EINZELSTANDARD

S 6: Die SuS können darüber hinaus zur Bewältigung der Sprachmittlung kreativ mit den beteiligten Sprachen umgehen.

TASK *International school:* You are an **exchange student** at an international school and have been invited to give a short **presentation** on the latest great inventions as part of a **class project.** You only have the following article as a basis for your contribution: „Xprize – Autorennen für Spritsparer: Kampf der Öko-Boliden" (http://www.sueddeutsche.de/auto/xprice-autorennen-fuer-spritsparer-kampf-der-oeko-boliden-1.988860, letzter Zugriff am 15. 04. 2016). To prepare your presentation, **mediate** this article into English. **Structure** your short speech in the following way:

1. Introduction (1 sentence)
2. What is the overall topic of the article? (2 sentences)
3. Which requirements did the competing cars have to fulfil?
4. How many teams took part?
5. What is the "Edison 2"? (Technical details are not necessary.)
6. What will the cars of the future probably look like? (1–2 sentences)

Do not forget to illustrate your presentation with **visuals.**

UNTERRICHTSSZENARIO

Thema Literaturrätsel: Wer ist's?

Standards S 1, 2, 3 + interkulturelle kommunikative Kompetenz

Material Literaturrätsel zu Stephenie Meyer (see below)

Anbindung **Topics:**

Literature, fantasy novels, authorship, "guess who" puzzles

Lead-in:

Discussing students' literary preferences

Follow-up:

- Reading one of Meyer's novels in class
- Ordering Meyer's novels for the class/school library
- Writing one's own "guess who" puzzle in German → mediation
- Writing "guess who" puzzles in English → collecting them in a class reader

Aufgabe

1. **Pre-mediating**
   What genres of books do you prefer?
   Do you like fantasy novels? Which ones have you read?
2. **Situation:**
   An exchange student from Kinross High School, Scotland, is staying at your house. He happens to see a book review in your regional paper, the *Traunsteiner Tagblatt*. The heading of the box – "Kulturrätsel" – and the phrases "Autorin des Jahres", "Superstar", "Joanne Rowling", "Vampir" have caught his attention. As he likes young adult fiction and vampire stories, he wants to know more about this newspaper article.
3. **Text:**
   The text (see below) is handed out, and students skim it.
4. **Task:**
   Mediate this "guess who" puzzle by focusing on the following aspects:
   - biographical facts about the author,
   - the plot of her books,
   - criticisms directed at her books,
   - at least four indicators of her popularity.
5. **Mediating:**
   Students scan the text, and mediate it into English guided by the task specifications.
6. **Results:**
   The answers are collected and discussed in class.

7. Post-mediating:

a) What popular author is being asked for in this puzzle? (Stephenie Meyer)
b) Would you like to read her novels? Why (not)?
c) Who would like to give a presentation on the series?
d) How about ordering the series for our class library?

Erwartungshorizont

biographical facts about the author:

- used to work as a receptionist
- had not written fiction before
- mother of three sons
- born on Christmas Eve
- name: Bavarian name and strange spelling of first name, most probably based on her father's name: Stephen
- practising Mormon

the plot of her books:

- unusual relationship between Bella (girl) and Edward (vampire, virginal)
- love against all odds, happiness, tragedy, passion and sacrifice

criticisms directed at her books:

- full of clichés (flat characters)
- reactionary (warning against pre-marriage sexual intercourse)
- anti-feminist (Bella: passive protagonist)

at least four indicators of her popularity:

- author of the year
- no. 1 in the bestseller rankings
- has already sold 70 million copies
- no. 49 of the world's 100 most influential people

Literaturrätsel: Wer ist's?

So einfach geht das: Man arbeitet als Empfangsdame, schreibt nie ein literarisches Werk, hat eines Nachts einen seltsamen Traum, konstruiert aus Jux um diesen einen ganzen Roman, wird von der Schwester zur Veröffentlichung überredet, erhält von 14 Verlagen eine Ab-, erst vom 15. eine Zusage – und ist urplötzlich „Autorin des Jahres". Die Mutter dreier Söhne führt die Bestseller-Listen von New York Times, Spiegel und Focus an, hat inzwischen weltweit 70 Millionen Exemplare verkauft und ist laut Time Magazine Nr. 49 der „100 einflussreichsten Leute".

Aber wer an Heiligabend geboren wird, muss ja zum Superstar der Jugendliteratur aufsteigen. Dabei trägt die neue Joanne Rowling einen urbayerischen Namen. Auch der Vorname kommt in einer seltsamen Schreibweise daher, aber das liegt wohl an ihrem Vater Stephen.
Etwas ungewöhnlich mutet auch die Beziehung zwischen Bella und Edward an: Mädchen trifft Jungen – der sich nur für ihr Blut interessiert. Der als jungfräulicher James-Dean-Verschnitt agierende Vampir entzückt dennoch alle weiblichen Leser. 12-Jährige verschlingen einen ganzen Band an einem Stück – und auch ihre Mütter sind vom heißesten Liebespaar der zeitgenössischen Teenie-Literatur so fasziniert, dass sie sich die ganze Tetralogie kaufen. Männliche Leser verhalten sich gegenüber dieser Romantik-Saga um Liebe gegen alle Vernunft, Glück und Tragödie, Leidenschaft und Opfer etwas reservierter.
Natürlich erfordert es keiner besonderen argumentativen Kraftanstrengungen, um diesen Genre-Mix aus Romanze, Fantasy, Thriller und Gothic mit Häme zu überziehen. Er mutet klischeehaft („flat characters"), reaktionär (Warnung vor vorehelichem Geschlechtsverkehr) und anti-feministisch (passive Protagonistin) an. Die überzeugte Mormonin würde dem Sexismus-Vorwurf entgegenhalten, dass sich die Protagonistin bewusst für romantische Liebe entscheidet. Vielleicht hat die Autorin auch ganz sensibel die Teenie-Gefühlswelt zwischen sexueller Spannung und Entfremdung getroffen.
Dank des verliebten Vampirs ist auch kanonische Literatur wie „Wuthering Heights" (Stürmische Höhen) auf den 1. Platz der Waterstone Classics geklettert, denn im dritten Band macht die keusche Bella wiederholt Hinweise auf Emily Brontes Meisterwerk von 1847, wodurch ein regelrechterRun der Jugendbuch-Fans auf den Klassiker romantischer Literatur ausgelöst wurde. Da darf sich der Kulturpessimist freuen, denn egal ob „Literature with a capital L" oder Bestseller-Belletristik, besser als die Volksverblödungsergüsse diverser privater TV-Kanäle ist Lesen allemal.
Wer ist's?

Literaturrätsel: Wer ist's? In: Summit Mediation: 74 ff.

PRÜFUNGSAUFGABE FÜR SPRACHMITTLUNG

IQB-Prüfungsaufgabe (grundlegendes Niveau)

A. Material für Schülerinnen und Schüler

Aufgabenstellung

You are doing an internship at a modern media corporation which runs the website ***http://www.young-germany.de.*** On this website, written in English, young people from all over the world find interesting information and facts about Germany.

Its editor in charge has given you a German newspaper article and asked you to turn it into an article of not more than 250 words in English for the website. You are to present John Ehret, the mayor of Mauer, a rural community in Baden-Württemberg, his life, his experiences and his political beliefs and activities.

Material

Der Kraichgau[1] Obama – Erster schwarzer Bürgermeister in Baden-Württemberg

Jedes Jahr an Heiligabend war der kleine John beim Krippenspiel in der Evangelischen Kirche von Mauer dabei, er hatte eine feste Rolle, eine sehr gute sogar. Er spielte immer einen der drei Könige, immer den gleichen: Caspar, den Mohren[2]. Trotzdem lag John dem Pfarrer so lange im Ohr, bis der ihn eines Tages nicht mehr als Caspar einteilte, sondern als Hirten. Am Weihnachtsabend stand er dann also weit hinten zwischen Stoffschafen und Stoffeseln, es gab nicht viel zu tun für ihn. Aber es war der größte Moment in seiner Schauspielerkarriere.

John Ehret hat schließlich eine ganz andere Laufbahn eingeschlagen, beim Bundeskriminalamt, und auch die hat kürzlich eine unerwartete Wendung genommen. An diesem Freitag kehrt der 40-Jährige zurück nach Mauer, den Ort seiner Jugend, für seinen ersten Arbeitstag als Bürgermeister. Das ist an sich schon mal nicht alltäglich, dass ein junger Mann, der noch in Köln wohnt, kein Parteibuch hat und keine kommunalpolitische Erfahrung, in einer nord-badischen 4000-Seelen-Gemeinde mit 58,1 % eine Wahl gewinnt, und das gegen den langjährigen Kämmerer[3].

Doch all das würde schon im nahen Heidelberg niemanden interessieren, wenn dieser John Ehret 1971 in Karlsruhe nicht als Sohn eines afroamerikanischen US-Soldaten geboren worden wäre. Wenn man mit ihm darüber redet, ist er auf höfliche Weise genervt. „Es wäre schön, wenn nicht alles auf meine Hautfarbe reduziert würde", sagt er, ein bisschen so wie vor dreißig Jahren beim Krippenspiel. Doch er verstehe schon, dass er einen kurzen Moment im Rampenlicht jetzt aushalten muss: als erster schwarzer Bürgermeister in Baden-Württemberg, wahrscheinlich sogar in ganz Deutschland. [...]

Ehret sagt, ihn beschäftige allerdings viel mehr, wie er für die Jugendlichen in Mauer möglichst schnell und günstig eine Skateranlage bauen könne. Er wolle seiner Heimatgemeinde „etwas zurückgeben für die glückliche Kindheit, die ich dort erleben durfte“.

Auf Glück deutete wenig hin, als John ein Baby war, seine leiblichen Eltern gaben ihn ins Heim. Mit fünf Jahren hat ihn das Ehepaar Ehret aus Mauer adoptiert, der Vater war Gemeinderat für die SPD und Vorstand in vielen Vereinen. Schon bald durfte der Sohn bei Festumzügen das Banner tragen. Am Anfang sei dieser John „eine Sensation“ gewesen, erinnern sich die Leute, aber dann auch bald ein „Mauermer Bub“ unter vielen. Rassismus habe er nie kennengelernt, sagt Ehret, „ich bin da auch nicht dünnhäutig“. Mancher Alte, der „Neger“ sage, wisse ja nicht mal, dass das ein Schimpfwort sei.

Einen aufwändigen Wahlkampf hat sich Ehret gespart. Er hat darauf gesetzt, dass die Bürger dem Jungen von damals vertrauen – und dem Kriminalkommissar, der schon in Afghanistan Polizisten ausgebildet hat. Auf seiner Website hatte er ganz klein links oben den Slogan „Yes we can“ platziert, seitdem ist er für viele der „Kraichgau Obama“. Ziemlich unangenehm sei ihm das jetzt, sagt Ehret. „Ich würde einfach gern anfangen und Leistung bringen.“

467 Wörter

Roman Deininger: Der Kraichgau Obama. Süddeutsche Zeitung, 01. 06. 2012, S. 6.

1 Kraichgau – Region in Baden-Württemberg, zwischen Karlsruhe und Heidelberg
2 Mohr – Begriff, der in literarischen und historischen Texten für Schwarze verwendet wurde; heute rassistisch
3 Kämmerer – Leiter der Finanzverwaltung der Gemeinde

B. Erwartungshorizont

Standardbezug Die Schülerinnen und Schüler können ...	**Aufgabenerfüllung**
Sprachmittlung ■ Informationen adressatengerecht und situationsangemessen in der jeweils anderen Sprache zusammenfassend wiedergeben ■ interkulturelle Kompetenz [...] einsetzen, um adressatenrelevante	Es wird erwartet, dass die Schülerinnen und Schüler einen kohärenten und strukturierten Text verfassen, der ■ sich an eine breite internationale Öffentlichkeit richtet, ■ die textsortenspezifischen Charakteristika eines Artikels aufweist (z. B. Überschrift;

Inhalte [...] in der jeweils anderen Sprache zu vermitteln **Schreiben** ■ Textsorten zielorientiert in eigenen Textproduktionen situationsangemessen verwenden	Einleitung, Schlusssatz, klar nachvollziehbare Gliederung) und ■ nur die zentralen Aspekte des Artikels zur Thematik darstellt.

	Mögliche Aspekte:
	■ John Ehret – the first black mayor in Baden-Württemberg
	■ his life:
	  ■ born as the son of an African-American soldier
	  ■ unhappy early childhood (parents put him up for adoption)
	  ■ adopted by the Ehret family
	  ■ happy childhood in Mauer, a rural community in the south-west of Germany
	  ■ quickly integrated into the small community despite his skin color
	  ■ career as an officer in the Federal Criminal Police Office (national police agency)
	■ his experience:
	  ■ was given the part of the Moor in the nativity play but chose to be the shepherd (never wanted to be defined only by his skin color)
	  ■ older people called him "Neger" (negro) but he did not take offence
	  ■ says he has never experienced any form of racism
	  ■ chose Obama's campaign slogan but feels uncomfortable at being called a German Obama
	■ his political beliefs and activities:
	  ■ became politically involved in order to give the community something back for his happy childhood in Mauer
	  ■ not a member of any political party
	  ■ did not run an expensive campaign
	  ■ relied on the people remembering him as a good boy and on his professional experience as a police officer

	Interkulturelle Kompetenz: ■ Bundeskriminalamt ■ (optional) SPD, Festumzüge ■ „Mauermer Bub"

C. Bewertungshinweise

Die Leistungen werden mit **„gut" (11 Punkte)** bewertet, wenn die Schülerinnen und Schüler einen kohärenten und klar strukturierten Text verfassen, der

- die textsortenspezifischen Charakteristika eines Artikels durchgängig aufweist,
- sich an der vorgegebenen Wortzahl orientiert und
- nur die zentralen Aspekte des Artikels aufgabengemäß verständlich und differenziert darstellt.

Die Leistungen werden mit **„ausreichend" (05 Punkte)** bewertet, wenn die Schülerinnen und Schüler einen kohärenten und ansatzweise strukturierten Text verfassen, der

- die textsortenspezifischen Charakteristika eines Artikels in Ansätzen aufweist,
- unter Umständen von der vorgegebenen Wortzahl abweicht und
- einige zentrale Aspekte des Artikels aufgabengemäß noch verständlich darstellt.

Für die Bewertung der sprachlichen Leistung sind die „Hinweise zur Bewertung der sprachlichen Leistung" zugrunde zu legen.

Inhaltliche Leistung und **sprachliche Leistung** sind zur Bewertung der Gesamtleistung im Verhältnis 40 % : 60 % zu gewichten.
Eine ungenügende sprachliche oder inhaltliche Leistung schließt eine Note des jeweiligen Prüfungsteils von mehr als drei Punkten aus. Für alle Prüfungsteile wird diese Regelung jeweils getrennt angewendet.

Allgemeine Hinweise zur Sprachmittlungsaufgabe im Abitur:

- Die Materialien enthalten kulturspezifische Phänomene.
- Die Texte haben bzw. der Text hat eine Länge von insgesamt 400 bis 650 Wörtern.
- Neben Standards zur Sprachmittlung werden auch Standards aus den Bereichen interkulturelle kommunikative Kompetenz und Text- und Medienkompetenz angemessen abgebildet.
- Die Aufgabenstellung berücksichtigt die Anforderungsbereiche I und II.
- Die Aufgabenstellung erfordert eine adressatenbezogene Textproduktion und ermöglicht die Herstellung von interkulturellen Bezügen.

Institut zur Qualitätssicherung im Bildungswesen (Hrsg.): Aufgabensammlung – Aufgaben für das Fach Englisch. IQB: Berlin 2012. https://www.iqb.hu-berlin.de/bista/abi/englisch/aufgaben (letzter Zugriff am 15. 04. 2016).

2.6 Verfügen über sprachliche Mittel

DEFINITION

Die sprachlichen Mittel – Wortschatz, Grammatik, Aussprache, Prosodie und Orthografie – sind Kompetenz bildende, funktionale Bestandteile des sprachlichen Systems und der Kommunikation. Die sprachlichen Mittel haben grundsätzlich dienende Funktion, wobei die gelingende Kommunikation im Vordergrund steht. Die Schülerinnen und Schüler greifen bei der Sprachrezeption und -produktion auf ein breites Repertoire lexikalischer, grammatischer, textueller und diskursiver Strukturen zurück, um die Fremdsprache auch als Arbeitssprache in der Auseinandersetzung mit komplexen Sachverhalten zu verwenden (BiSta 2012: 18).

ERLÄUTERUNG Der Kompetenzbereich „Verfügen über sprachliche Mittel" wird nicht in ein grundlegendes und ein erhöhtes Niveau unterteilt. Es werden acht Einzelstandards für alle auf dem **gleichen Niveau** aufgeführt. Da dieser Bereich nur eine **dienende Funktion** hat, sollen die jeweiligen Einzelstandards im Unterricht **nicht gesondert geübt,** sondern während des Behandelns anderer Kompetenzbereiche geschult werden. Dies hat zur Folge, dass nicht alleinig die sprachlichen Mittel abgeprüft werden können, ohne andere Elemente der Bildungsstandards miteinzubeziehen.

Einige Begriffsklärungen:

- **Prosodie:** suprasegmentale Lauteigenschaften, i. e. über das einzelne Phonem hinausgehende Merkmale, z. B. Wort- und Satzakzent, Intonation und Satzmelodie, Tempo, Rhythmus, Pausen.
- **Funktionswortschatz:** lexikalische Mittel zum Ausdruck einer bestimmten Absicht *(speech function),* z. B. *useful phrases for disagreeing*.
- **Emotional markierte Sprache:** mit Gefühlen aufgeladene Ausdrucksmittel auf der phonologischen (z. B. Alliterationen), morphologischen (z. B. Superlativ-Präfixe), lexikalischen (z. B. Pejorativa), syntaktischen (z. B. Exklamationen) und pragmatischen Ebene (z. B. rhetorische Fragen, Ironie).

1. EINZELSTANDARD

S 1: Die SuS können einen erweiterten allgemeinen und thematischen Wortschatz sowie einen Funktions- und Interpretationswortschatz nutzen.

TASK *Cartoon:* **Describe** this cartoon by making use of **picture-related phrases** (e. g. in the foreground, the speech bubble says …).

2. EINZELSTANDARD

S2: Die SuS können ihre lexikalischen Bestände kontextorientiert und vernetzt verwenden und dabei auch Wörter und Wendungen aus dem Bereich informeller mündlicher Sprachverwendung einsetzen.

TASK *Politics in the US:* In pairs, try to **find** as many **keywords** as possible concerning the political system in the US, and arrange them in a **mind-map.** You may also include **informal phrases.** Then **write** a short **description** of the American political system **using** at least ten of the **words** listed before.

3. EINZELSTANDARD

S3: Die SuS können ein gefestigtes Repertoire der grundlegenden grammatischen Strukturen für die Realisierung ihrer Sprech- und Schreibabsichten nutzen.

TASK *Comment of the Day:* **Write** a **comment** on a current article from the press, using a **variety of sentence constructions** (statements, questions, relative clauses, participial constructions, rhetorical questions etc.).

4. EINZELSTANDARD

S 4: Die SuS können ein gefestigtes Repertoire typischer Aussprache- und Intonationsmuster verwenden und dabei eine meist klar verständliche Aussprache und angemessene Intonation zeigen.

TASK Nick Hornby's *About a Boy:* Listen to the beginning of the **audio-book** (http://www.youtube.com/watch?v=NqlzDGGWOrM, letzter Zugriff am 15.04.2016). Then **read** the corresponding page(s) in the book aloud and try to **imitate** the **speaker's pronunciation and intonation.**

5. EINZELSTANDARD

S 5: Die SuS können mit repräsentativen Varietäten der Standardsprache umgehen, wenn klar artikuliert gesprochen wird.

TASK *Dr House:* **Compare** scenes from the **TV show** (e.g. "The Funny Moments Compilation": http://www.youtube.com/watch?v=eLxsNTC5KGk, letzter Zugriff am 15.04.2016) with an extract of an **interview** with Hugh Laurie, the protagonist of the series (http://www.youtube.com/watch?v=Yn6Wq7peEjw letzter Zugriff am 15.04.2016). What is striking about Hugh Laurie's **language use?** (Hugh Laurie is British and speaks **BE** in the interview, but as the series is an American production, Dr House speaks **AE.**)

6. EINZELSTANDARD

S 6: Die SuS können ihre erweiterten Kenntnisse zu den Regelmäßigkeiten der Orthografie und Zeichensetzung nutzen und ihren aktiven Wortschatz weitgehend regelkonform verwenden.

TASK *See the Difference a Comma Makes:* The **sentence** "woman without her man is nothing" can be **punctuated** in **two ways:**
1. Woman, without her man, is nothing. **2.** Woman! Without her, man is nothing.
Explain the **meanings** of the two sentences. Which of the two do you personally prefer?

7. EINZELSTANDARD

> *S 7: Die SuS können emotional markierte Sprache identifizieren und einschätzen und auf emotionale Äußerungen angemessen reagieren.*

TASK *The Big Bang Theory:* **Watch** an extract of the episode "Sheldon getting good at **sarcasm**" (http://www.youtube.com/watch?v=kJp2XAWma_I, letzter Zugriff am 15. 04. 2016), and **explain** how its humorous **effect** is created.

8. EINZELSTANDARD

> *S 8: Die SuS können sich auf repräsentative Varietäten einstellen, auch wenn nicht durchgehend artikuliert gesprochen wird.*

TASK *Indian English:* **Listen** to this interview with an **Indian** boy (http://www.youtube.com/watch?v=gqXYS1tG5yU, letzter Zugriff am 15. 04. 2016). **Summarize** what his life looks like.

UNTERRICHTSSZENARIO

Thema	Top 12 Mistakes
Standards	S 1, 2, 3, 6 + Sprechen + Schreiben + Sprachbewusstheit
Material	■ Transparency: Top 12 Mistakes in Oral and Written Text Production (see below) ■ Handout: Top 12 Mistakes, apart from the middle and right columns which are blanked (see below)
Anbindung	**Topics:** Error spotting, preparing for class test/Abitur, feedback after class test **Lead-in:** Teacher introduces the topic of the lesson with the following announcement, which contains five errors. Students must shout "Stop" when they detect an error. *Today we will focus on a topic of actual interest. How do you call serious mistakes? Errors! Exactly! They are based on a lack of competence, in contrary to mistakes which are based on failing performance. Do you know one example for an error? No? Anyway, I want that you study this handout, which is full of mistakes and errors.*

Follow-up:

Word Crimes by Weird Al Yankovic: This song parodies the misuse of proper English grammar and usage.

If you can't write in the proper way
If you don't know how to conjugate
Maybe you flunked that class
And maybe now you find
That people mock you online
...
I read your e-mail
It's quite apparent
Your grammar's errant
You're incoherent
Saw your blog post
It's really fantastic
That was sarcastic (Oh, psych!)
'Cause you write like a spastic

The corresponding music video (http://www.youtube.com/watch?v=8Gv0H-vPoDc, letzter Zugriff am 15.04.2016), a kinetic typography video, displays the lyrics of the song, and plays on the theme of proper grammar, spelling, and punctuation.

Aufgabe

1. **Becoming aware of errors:**
   see lead-in
2. **Spotting errors:**
   The worksheet with the Top 12 Mistakes is handed out. The whole class identifies the twelve mistakes.
3. **Correcting errors:**
   In pairs, students choose four items and write down the correct sentences (middle column). The results are checked in the plenary, with the teacher uncovering the middle column.
4. **Explaining errors:**
   The same pairs discuss and write down explanations (right column). The results are checked again with the help of the teacher's transparency.
5. **Avoiding errors:**
   Students have to write a story of about 100 words, in which at least five of the twelve mistakes are avoided (homework).

Top 12 Mistakes in Oral and Written Text Production		
Wrong sentence	***Right sentence***	***Explanation***
1. The author discusses in this text the question of …	In this text, the author discusses the question of …	Word order: S – V – O
2. This quote shall emphasize man's struggle …	This quote is intended/meant to emphasize …	Beware of German "sollen"
3. This is what stands in the text.	… what the text says / what is written in the text.	Idiomatic expression
4. He was innocent, what was supported by her confession.	… innocent, which was …	Which: reference to sentence before What: not used as a relative pronoun, but for questions or "that which"
5. They also don't respect nature.	They don't respect nature either.	Auch nicht: not … either (neither …)
6. That's typical for his current attitude.	… typical of …	Preposition
7. How does he look like?	What does he look like?	Idiomatic expression
8. My parents want that I learn more.	… want me to learn …	To want + A. c. I. (no "that" after "want")
9. The teacher let us learn the whole chapter.	… made us learn …	To let = zulassen, to make = veranlassen (to have s. o. do s. th.)
10. I have made the experience …	… had / gone through the experience …	Idiomatic expression
11. They are not afraid of the death.	… of death	Zero article with abstract nouns
12. She is much taller then her aunt.	… taller than …	Than: after comparisons, then: time adverbial

3 Interkulturelle kommunikative Kompetenz

DEFINITION

Die Schülerinnen und Schüler können in direkten und in medial vermittelten interkulturellen Situationen kommunikativ handeln. Dies bezieht sich auf personale Begegnungen sowie das Verstehen, Deuten und Produzieren fremdsprachiger Texte. Die Schülerinnen und Schüler greifen dazu auf ihr interkulturelles kommunikatives Wissen zurück und beachten kulturell geprägte Konventionen. Dabei sind sie in der Lage, eigene Vorstellungen und Erwartungen im Wechselspiel mit den an sie herangetragenen zu reflektieren und die eigene Position zum Ausdruck zu bringen (BiSta 2012: 19).

ERLÄUTERUNG Bei der interkulturellen kommunikativen Kompetenz wird **nicht** wie bei den anderen Kompetenzen zwischen einem **grundlegenden Niveau** und einem **erhöhten Niveau** differenziert, da für alle Schülerinnen und Schüler der Oberstufe die gleichen Ziele gelten sollen und „eine Niveaudifferenzierung nach aktuellem Forschungsstand nicht sinnvoll erscheint" (BiSta 2012: 14) – und auch schwer zu operationalisieren wäre.

In den Bistas (BiSta 2012: 19) beruht der Prozess interkulturellen Verstehens und Handelns auf der **Trias** von **Wissen** (soziokulturelles Orientierungswissen, strategisches Wissen), **Einstellungen** (Respekt vor und kritische Auseinandersetzung mit anderen, Risikobereitschaft beim Sprachhandeln) und **Bewusstheit** (Reflexion der eigenen Haltung). Dabei fehlt – zumindest expressis verbis – die Komponente der Fähigkeiten/**Fertigkeiten** *(skills),* wie sie beispielsweise im Byram-Modell (Byram 1997) sinnvollerweise postuliert wird. Einstellungen und Bewusstheit könnten dagegen zu einer Komponente vereint werden *(attitudes).*

1. EINZELSTANDARD

S 1: Die SuS können ihr Orientierungswissen über die Zielkulturen in vielfältigen Situationen anwenden: Aspekte der Alltagskultur und Berufswelt, Themen und Probleme junger Erwachsener, gegenwärtige politische und soziale Bedingungen, historische und kulturelle Entwicklungen einschließlich literarischer Aspekte sowie Themen von globaler Bedeutung.

TASK *The Political System in the United Kingdom:* Study the "Focus on Facts" page on **politics** in the UK (Summit: 57). Then try to **transform** the **verbal** description of the political system into a **graphical** representation.

2. EINZELSTANDARD

S 2: Die SuS können ihr Wissen über Kommunikation anwenden und fremdsprachige Konventionen beachten, u. a. zur Signalisierung von Distanz und Nähe.

TASK *Interpersonal and Intercultural Communication:* Paper snippets with **intercultural** and **universal** dialogue **scenes** are handed out to the students. Each pair gets one short scene.

1. Take a text excerpt from the envelope. Read the short scene and practice **acting** it **out.**
2. Act out the scene in front of your classmates.
3. Ask your classmates what went **wrong** about the scene (play the teacher).
4. Discuss **alternative** lines for the scenes.

Being acquainted with your host in GB ■ You: (personal distance to host: 1.5 feet) Hi, what's up? ■ Host: (retreats) Fine, thank you.	**Meeting your boss for the first time** ■ You: How are you? ■ Boss: Fine, thank you. ■ You: It doesn't look like! You look so tired and exhausted!
In China at a birthday party ■ Come on! Unwrap your present! ■ Host: Not now. (looking embarrassed)	**At a restaurant** ■ Waitress: Good evening, here's your menu. Could I get you something to drink/eat? ■ Customer: Yeah! I want a coke and the cheeseburger!
At a party ■ Man: How old are you? ■ Woman: Twenty-one!	**In Malaysia when entering a temple** ■ Guard: Please, Madam, could you cover your hair and your sleeveless arms? ■ Woman: No! Why should I do that?
In the USA ■ I believe in Scientology. ■ What? Are you crazy? Scientology is just a sect!	**At a friend's house** ■ Would you like some strawberries from the garden? ■ No, I hate strawberries!

3. EINZELSTANDARD

S 3: Die SuS können ihre Wahrnehmungen und (Vor-)Urteile erkennen, hinterfragen, relativieren und ggf. revidieren.

TASK *Intercultural Joke:* Read the following **joke** (http://www.jokes4us.com/ethnicarchive/strandedonanislandjoke.html, letzter Zugriff am 15.04.2016) up to "... have occurred". Then **speculate** about what may have happened to the representatives of **different nationalities.** Read on to see what has really happened to the people on the island. **Reflect** on your **guesses** and the **punchlines** of the joke. Are they **prejudices** and **stereotypes?** Can they be **overcome?** Must they really be abolished?

Intercultural Joke

On a group of beautiful deserted islands in the middle of nowhere, the following people are stranded:

1. Two Italian men and one Italian woman
2. Two French men and one French woman
3. Two German men and one German woman
4. Two English men and one English woman
5. Two Japanese men and one Japanese woman
6. Two Chinese men and one Chinese woman
7. Two American men and one American woman
8. Two Irish men and one Irish woman

One month later on these absolutely stunning deserted islands in the middle of nowhere, the following things have occurred:

1. One Italian man killed the other Italian man for the Italian woman.
2. The two French men and the French woman are living happily together in a ménage-à-trois.
3. The two German men have a strict weekly schedule of alternating visits with the German woman.
4. The two English men are waiting for someone to introduce them to the English woman.
5. The two Japanese have faxed Tokyo and are awaiting instructions.
6. The two Chinese men have set up a pharmacy/liquor store/restaurant/laundry, and have gotten the woman pregnant in order to supply employees for their store.
7. The two American men are contemplating the virtues of suicide, because the American woman keeps on complaining about her body, the true nature of feminism, how she can do everything they can do, the necessity of fulfillment, the equal division of household chores, how sand and palm trees make her look fat, how her last boyfriend respected her opinion and treated her nicer than they do, how her relationship with her mother is improving, and how at least the taxes are low and it isn't raining.

8. The two Irish men divided the island into North and South and set up a distillery. They do not remember if sex is in the picture because it gets sort of foggy after the first few liters of coconut whiskey. But they're satisfied because at least the English aren't having any fun.

http://www.jokes4us.com/ethnicarchive/strandedonanislandjoke.html, adapted (letzter Zugriff am 15. 04. 2016)

4. EINZELSTANDARD

S4: Die SuS können einen Perspektivenwechsel vollziehen sowie verschiedene Perspektiven vergleichen und abwägen.

TASK *Rabbit-Proof Fence:* During the first presentation, watch the "kidnapping scene" (http://www.youtube.com/watch?v=XaZtOIsgBqQ, letzter Zugriff am 15. 04. 2016) without sound (sound-off approach), and summarize the plot. Before the second viewing, **slip** into one of these **roles:** Constable Riggs, Maude, Gracie, Molly, Molly's grandmother. Try to **identify with** your **character**, write down your feelings and thoughts, and present them to the class. **Compare** and **assess** the **different** forms of emotion and reasoning.
The "kidnapping" or "abduction scene" is the most controversial as well as most harrowing scene in this Australian movie about the "stolen generation" (forced removal of Aboriginal children). As Constable Riggs arrives, Maude realizes that he intends to take the children away. They run, but Riggs seizes the children one by one. He warns Gracie to stay inside the car or he'll lock up her mother. The eldest girl, Molly, fights back. As the police car drives away, Molly's grandmother and the mothers are left wailing in the dust. In voice-over, Mr Neville concludes, "As you know, every Aboriginal born in this state comes under my control."

5. EINZELSTANDARD

S5: Die SuS können Werte, Haltungen und Einstellungen ihrer zielsprachigen Kommunikationspartner erkennen und unter Berücksichtigung des fremdkulturellen Hintergrundes einordnen.

TASK *E-mail exchange:* Your teacher has organized an **e-mail exchange programme** with an **American high school,** including **private** one-to-one contacts as well. Start and keep up the e-mail **communication** with your American friend. Tell him or her about your life, family, hobbies, culture and so on. Ask questions about his/her life, **American** customs, what he/she likes most about American **culture.**

6. EINZELSTANDARD

S6: Die SuS können fremdsprachige Texte und Diskurse in ihrer fremdkulturellen Dimension erfassen, deuten und bewerten.

TASK *The World according to America:* **Discuss** this **geographical cartoon:**

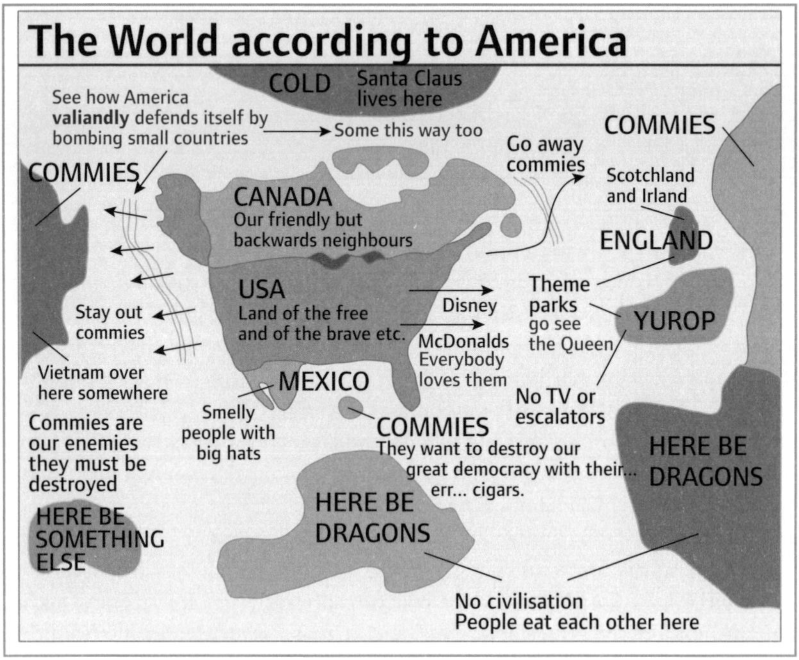

in Anlehnung an: dr Tricky's kung fu lounge, http://web.archive.org/web/20071009214038/www.jigsawlounge.co.uk/kungfu/world/legend.html (letzter Zugriff am 15.04.2016)

1. A stereotype is a formulaic and oversimplified opinion or concept of someone or something. **Evaluate** whether this cartoon is a **stereotype.**
2. **Assess** which **perspective** we really get from the "map". Is it the way America sees the world today? Or the way America saw the world in the last century? Or is it the way the rest of the world sees the Americans?

7. EINZELSTANDARD

S7: Die SuS können fremde und eigene Werte, Haltungen und Einstellungen im Hinblick auf international gültige Konventionen (z.B. die Menschenrechte) einordnen.

TASK *UNESCO Constitution:* Read the preamble of this **international document** (http://portal.unesco.org/en/ev.php-URL_ID=15244&URL_DO=DO_TOPIC&URL_SECTION=201.html, letzter Zugriff am 15.04.2016), highlight the main ideas, and **compare** your **own values and attitudes** with these **official claims:**

"[...] That since wars begin in the minds of men, it is in the minds of men that the defences of peace must be constructed;
That ignorance of each other's ways and lives has been a common cause, throughout the history of mankind, of that suspicion and mistrust between the peoples of the world through which their differences have all too often broken into war [...]
That the wide diffusion of culture, and the education of humanity for justice and liberty and peace are indispensable to the dignity of man and constitute a sacred duty which all the nations must fulfil in a spirit of mutual assistance and concern [...]"

8. EINZELSTANDARD

S8: Die SuS können ihr strategisches Wissen nutzen, um Missverständnisse und sprachlich-kulturell bedingte Konfliktsituationen zu erkennen und zu klären.

TASK *Talking to Somebody about their Country:* Listen to the following two audio files (Context 21 Audio CD 2.03–04). In both dialogues, an American and a German teenager **talk** about their **countries.**

- Global comprehension (first listening):
  State which **conversation** went **well** and which **failed.**
- Detailed comprehension (second listening):
  Take notes on **what went wrong** in one of the conversations, and what made the other dialogue **successful.**

9. EINZELSTANDARD

S9: Die SuS können sich trotz des Wissens um die eigenen begrenzten kommunikativen Mittel auf interkulturelle Kommunikationssituationen einlassen und ihr eigenes sprachliches Verhalten in seiner Wirkung reflektieren und bewerten.

TASK *Intercultural Skype:* Start an international video chat with a British pupil (http://www.skype.com/de/, letzter Zugriff am 15.04.2016). Finding a suitable partner is not so difficult (http://sprachen-lernen-web.com/sprachpartner-finden/, letzter Zugriff am 15.04.2016). Do not be afraid of making mistakes, and try to keep up a habit of **skyping.** In class, **experiences** and **problems** may be **discussed.**

10. EINZELSTANDARD

> *S 10: Die SuS können auch in für sie interkulturell herausfordernden Situationen reflektiert agieren, indem sie sprachlich und kulturell Fremdes auf den jeweiligen Hintergrund beziehen und sich konstruktiv-kritisch damit auseinandersetzen.*

TASK *Gun Control:* The strategic **simulation game** *Forum on Violence* takes up the **discourse on owning weapons** (Summit: 42f.). The game is a fictitious **role play** centred round a **conflict** between different groups and their interests, e. g. **US** gun rights advocates, members of the entertainment industry, and anti-gun groups. The goal of the conference is to **decide** which **laws**, if any, to change. To prepare for the conference, **role cards** and additional material (e. g. Second Amendment to the US Constitution) are handed out to various **groups** of the class.

UNTERRICHTSSZENARIO

Thema A German at a British Restaurant

Standards S 1, 2, 4, 5, 8 + Leseverstehen + Sprechen + Sprachbewusstheit

Material Handout: A German at a British Restaurant (see below)

Anbindung **Topics:**

Critical incidents, intercultural learning, eating out, business

Lead-in:

1. The teacher retells a critical incident about a Russian guest student at a US university, who was caught cheating during a test (http://iteslj.org/Lessons/Stakhnevich-Critical.html, letzter Zugriff am 15. 04. 2016). Students discuss the values behind (not) cheating.
2. The term *critical incident* is explained and its meaning is written on the board: "critical incident: intercultural misunderstanding due to different cultural backgrounds of communication participants".

Follow-up:

Democracy by Gerhard Polt

The famous Bavarian comedian explains to African guests what democracy is, committing hilarious intercultural as well as linguistic blunders (http://www.youtube.com/watch?v=g91-qxYjv7I, letzter Zugriff am 15. 04. 2016):

Ladies and Gentlemen!

It is me a pleasure and an honour today to be here in Africa in your nice country of Tjurangrati. My dear Tjurangrattlers […] and this might especially interest you here in Africa – democracy: What is it? […] Plato was an old Greek from Greece

[…] To have absolute majority, Ladies and Gentlemen, it is necessary to have your own press […] We in Bavaria, we do not see black for your future here in Africa […]

Aufgabe Discussing critical incidents:

1. The teacher hands out the list and asks students to skim the list.
2. Teacher: Summarize the communicative situation in one sentence.
3. Each of the eight incidents is read out one after the other, and the misunderstandings are explained.
4. In pairs, students are asked to write down appropriate alternatives to the various forms of misbehaviour.
5. The solutions are collected and discussed.
6. Some sort of conclusion is drawn, e. g. "In cross-cultural situations things can always go wrong. But cultural mistakes only really interfere in the relationship if there is mistrust or suspicion there already. If people like you and trust you, they forgive any such mistakes. In fact cultural differences are often a great small talk ice breaker over dinner – and this then allows us to laugh together at any differences" (Ken Taylor, http://www.business-english-trainer.de/Businessreisen/Geschaeftsreise_auf_Englisch_-_Geschaeftsessen_sprachliche_Stolpersteine.html, letzter Zugriff am 15.04.2016).

Erwartungshorizont

Eight critical incidents:

1. The British woman expects to enter the restaurant first, unlike her German counterpart who expects the man to deal with practicalities. → Ladies first.
2. Finger clicking is not appropriate anywhere, and the use of the rather abrupt "Waiter!" sounds overbearing. → Try to catch the waiter's eye and say "Excuse me".
3. Some polite downtoners are needed when ordering a drink, and the correct word is "menu". → "May we have four beers and the menu, please?"
4. In Germany people, when saying "'Prost!", drink simultaneously and look each other in the eyes. In the UK it's more casual. → Do not feel disrespected when your British partners do not look in your eyes.
5. Britain is a very multi-cultural society, and the black businessman may well be a Muslim. → Do not recommend pork to Muslims.
6. Translating "Guten Appetit" by "good appetite" means you are surprised that the other person can eat so much. → Do not say anything.

7. a) The word is “dessert”, pronounced /dɪˈzɜːt/. The Sahara and Gobi are “deserts”.
   b) The translation of “muss nicht” into “must not” has the opposite effect of offering a choice. It sounds as though the host forbids everybody to have dessert.
8. The problem is the similarity of the German word “Fahrt” to the rather crude English word “‚fart” meaning “Furz”.

A German at a British Restaurant

1. As you enter the restaurant with a female British colleague, you go in first. Your colleague looks a little surprised.
2. You call over the waiter by clicking your fingers and calling, “Waiter!” He seems to deliberately ignore you for a while.
3. When he arrives you say, “Four beers and the card.” He looks irritated. You get the beers and the restaurant business card.
4. You are surprised that when the drinks arrive your British colleagues simply say, “Cheers” and drink without waiting for you to respond.
5. You recommend the pork medallions in mustard sauce to the one black member of the British group but he firmly refuses.
6. When the food arrives you say, “Good appetite” and wonder why the woman in the group smiles and says, ”It’s only a salad!”
7. Later on you politely suggest, “We must not have the desert.” Everyone smiles and agrees to only have coffee.
8. Finally, as you leave, you say, ”Gute Fahrt! – as we say in Germany.” One of the party laughs loudly.

4 Text- und Medienkompetenz

DEFINITION

Die Schülerinnen und Schüler können Texte selbstständig, zielbezogen sowie in ihrem sozialen Kontext verstehen, deuten und eine Interpretation begründen. Die Schülerinnen und Schüler können darüber hinaus die gewonnenen Erkenntnisse über die Bedingungen und Techniken der Erstellung von Texten zur Produktion eigener Texte unterschiedlicher Textsorten nutzen (BiSta 2012: 20).

ERLÄUTERUNG **Textkompetenz** meint die Fähigkeit zur Rezeption und Produktion schriftlicher, mündlicher und multimodaler Texte. Der Begriff „Text" wird in einem weiten Rahmen gesehen und umfasst auch mediale Formen. Insofern könnte man beim Terminus **Text- und Medienkompetenz** den zweiten Bestandteil weglassen.

Weitere Begriffsklärungen wiederum vorneweg:

- **Klassifikation** von Texten: z. B. Sach- vs. literarische Texte, authentische vs. didaktische Texte, Basis- vs. Facettierungstexte, lineare vs. diskontinuierliche Texte, Einzeltext vs. Intertextualität → Lehrkraft: Bewusstsein der Bandbreite → Variierung zwischen verschiedenen Textarten.
- **Medial** vermittelte Texte: z. B. Filmausschnitte, Trailer, Werbung, Musikvideos, Sketche → neben sprachlichen, inhaltlichen und stilistisch-rhetorischen Mitteln auch kinematografische Techniken (Montage, Ton, Kameraeinstellung und -perspektive etc.).
- **Gütekriterien** eines Textes: subjektive Valenz für Lernenden, Altersangemessenheit, Schwierigkeitsgrad, Aktualität, Strukturiertheit, didaktische Verwendbarkeit, Appellcharakter etc.
- **Strukturmuster der Textarbeit:** PWP-Ansatz *(pre – while – post), global-to-detailed approach,* Operatoren-Ansatz (Thaler 2012: 253 ff.).

Im grundlegenden Niveau werden acht Einzelstandards unterschieden.

1. EINZELSTANDARD

S 1: Die SuS können sprachlich und inhaltlich komplexe, literarische und nicht-literarische Texte verstehen und strukturiert zusammenfassen.

TASK T. C. Boyle's *The Tortilla Curtain:* Read the excerpt (Summit: 152 f.), and **summarize** Candido's situation.

2. EINZELSTANDARD

S2: Die SuS können mithilfe sprachlichen, inhaltlichen sowie textsortenspezifischen und ggf. stilistisch-rhetorischen Wissens literarische und nicht-literarische Texte aufgabenbezogen analysieren, deuten und die gewonnenen Aussagen am Text belegen.

TASK T.C. Boyle's *The Tortilla Curtain:* Answer the following questions by **referring** to the **text** (Summit: 152f.):

1. Give a **characterization** of Candido.
2. **Analyze** the **narrative perspective** used in the text and **determine** its **effect.**
3. Considering the writer's **intention**, **analyze** the **language** and **tone** of the text.

3. EINZELSTANDARD

S3: Die SuS können die Wirkung spezifischer Gestaltungsmittel medial vermittelter Texte erkennen und deuten.

TASK *Cinematic Techniques:* First look at the Skills File "Analysing a film" (Context: 276). Then, in groups of four, **examine** the **camera work** in this BBC **film** adaptation of Shakespeare's *The Taming of the Shrew* (Context: 84). Two of you concentrate on the part in front of the flat, the other two on the part in the lift. **Explain** how the camerawork **affects** you as a **viewer.** Share your findings in your group, then in class.

4. EINZELSTANDARD

S4: Die SuS können sich mit den Perspektiven und Handlungsmustern von Akteuren, Charakteren und Figuren auseinandersetzen und ggf. einen Perspektivenwechsel vollziehen.

TASK *Slumdog Millionaire:* Watch the "German tourists scene" of this award-winning British drama **film** (http://www.youtube.com/watch?v=HET_lt0_x9E, letzter Zugriff am 15.04.2016). **Imagine** you are in **Jamal's situation,** but in Germany. Pretend to be a tourist guide of your home town and **invent** a **funny fake story** about an important tourist attraction. You may also record and present your results.

5. EINZELSTANDARD

> *S 5: Die SuS können bei der Deutung eine eigene Perspektive herausarbeiten und darstellen.*

TASK *Connected* by Ms Moem (Context: 14 oder http://www.youtube.com/watch?v=h16BYaq80s4, letzter Zugriff am 15. 04. 2016): First watch and listen to this contemporary **poem** about Facebook and social media in general. Then **write** a short **comment** in which you **state why you agree or disagree** with this statement from Ms Moem's poem:
"Oh why can't we turn the time back?
It was simpler when we could just be friends, and that didn't depend on whether someone had accepted your friend request."

6. EINZELSTANDARD

> *S 6: Die SuS können Textvorlagen durch das Verfassen eigener – auch kreativer – Texte erschließen, interpretieren und ggf. weiterführen.*

TASK *Funny Rankings:* Read and enjoy the Top 10 Reasons for Being English (http://www.antra.dk/top_10_reasons_for_being.txt, letzter Zugriff am 15. 04. 2016).

Top 10 Reasons for Being English

1. Two World Wars and One World Cup doo-dah doo-dah.
2. Warm beer.
3. You get to confuse everyone with the rules of cricket.
4. You get to accept defeat graciously in major sporting events.
5. Union jack underpants.
6. Water shortages guaranteed every single summer.
7. You can live in the past and imagine you are still a world power.
8. Bathing once a week – whether you need to or not.
9. Ditto changing underwear.
10. Beats being Welsh.

Now **create your own top ten** reasons for being German/American/Scottish/Welsh/Irish/French/Italian. Put up your ranking lists on the wall and do a gallery walk. **Discuss** the various texts, and **reflect** on the **attitudes** behind these lists. Finally you may appreciate the original lists on the web (see above).

7. EINZELSTANDARD

S 7: Die SuS können ihr Erstverstehen kritisch reflektieren, relativieren und ggf. revidieren.

TASK Edgar Allan Poe's *The Tell-Tale Heart* (http://xroads.virginia.edu/~hyper/poe/telltale.html, letzter Zugriff am 15.04.2016): Read this **classical 19th century short story.** Has your **understanding** of the story **changed** in the process of reading? **Critically discuss** the nature of the first-person narrator with your teacher and your fellow students:

- unreliable or reliable narrator?
- sane or insane?
- hypersensitive or imaginative?
- male or female?
- suffering from paranoia/monomania?
- relationship to the old man: son or servant?
- beating of the heart: just imagined or his own or the old man's?

Read it a **second time** and try to find arguments to support your views. **Do you still believe** that it is only a Gothic crime story? May it be an allegorical representation of the struggle between imagination and science? Or Poe's fictional attempt to overcome his love-hate doublebind to his foster father? Or …?

8. EINZELSTANDARD

S 8: Die SuS können Hilfsmittel zum vertieften sprachlichen, inhaltlichen und textuellen Verstehen und Produzieren von Texten selbstständig verwenden.

TASK *Print and Electronic Aids:* First make yourself familiar with the **Study Skills Pages** in your **textbook,** e.g. Context (218 ff.) or Summit (254 ff.). Then, choose some collocation, and try out the following **electronic aids:**

- search engine: Google search strings
- online dictionary: http://www.dict.cc/ (letzter Zugriff am 15.04.2016)
- corpus: e.g. BNC (British National Corpus), http://www.natcorp.ox.ac.uk (letzter Zugriff am 15.04.2016)

Im erhöhten Niveau werden drei Einzelstandards unterschieden.

9. EINZELSTANDARD

> *S 9: Die SuS können darüber hinaus Gestaltungsmittel in ihrer Wirkung erkennen, deuten und bewerten.*

TASK *New Media Art:* Watch a **video** on David Datuna's **interactive installation** *Viewpoint of Billions with Google Glass* (Context: 15 oder http://www.bbc.com/news/magazine-26329240, letzter Zugriff am 15.04.2016), and answer these questions:

1. **Describe** David Datuna's art installation. **How** is art created with new media?
2. **Explain** the title of the installation. Work in pairs and **exchange** your opinions on this work of art.
3. **Discuss** in class **whether or not you** would like to **contribute** to Datuna's interactive installation.

10. EINZELSTANDARD

> *S 10: Die SuS können darüber hinaus die von ihnen vollzogenen Deutungs- und Produktionsprozesse reflektieren und darlegen.*

TASK *Hamlet Parodies:* You have just read **Hamlet's** famous **soliloquy** in Act 3, Scene 1 ("To be, or not to be – that is the question: // Whether 'tis nobler in the mind to suffer // The slings and arrows of outrageous fortune // Or to take arms against a sea of troubles // And by opposing end them [...]"), and a **parody** (*The Slacker's Soliloquy,* see below). Now **create** your **own spoof** by adopting a **perspective** of your own choice, e.g. The Student's Soliloquy, The Teacher's Soliloquy, The Footballer's Soliloquy, The Boozer's Soliloquy or any other. Afterwards we will **compare** your parodies during a gallery walk, and you should be prepared to **explain** your **point of view** and **wording.**

The Slacker's Soliloquy

To slack, or not to slack, that is the question;
Whether 'tis nobler in the mind to suffer
The zeros and low marks of outrageous assignments,
Or to take pens against a sea of compositions,
And by opposing, finish them. To work; to accomplish,
No more, and by accomplishment to say we end
The workload, and the thousand essays
That students are heirs to; 'tis a dream
Devoutly to be wish'd. To work, to accomplish;
To accomplish; perchance to succeed; ay, there's the rub;
For in that accomplishment of work what mark may come,
When we have submitted this completed piece,
Must give us pause; there's the respect
That makes calamity of so long a school career.

Enoch Tung: The Slacker's Soliloquy. http://www.angelfire.com/oh/Pretzel/Parody.html (letzter Zugriff am 15. 04. 2016)

11. EINZELSTANDARD

S 11: Die SuS können darüber hinaus Textvorlagen unter Berücksichtigung von Hintergrundwissen in ihrem historischen und sozialen Kontext interpretieren.

TASK *The Clash of Civilization* (Summit: 35 f.; https://harvardmagazine.com/1997/01/forum.html, letzter Zugriff am 15. 04. 2016): Work on **Samuel Huntington**'s question of whether **conflicts between civilizations** will dominate the future of world politics.

1. Look at the **map** and state which civilizations and cultures will clash according to Huntington.
2. **Read** the **text excerpt** intensively and do three tasks:
   a) Create a visual representation of the conflict lines.
   b) Categorize the relations between the West and the other civilizations.
   c) Find an answer to the question in the last sentence: "[…] Will the global institutions, the distribution of power, and the politics and economies of nations in the twenty-first century primarily reflect Western values and interests or will they be shaped primarily by those of Islam and China?"
3. **Analyze** how the **cartoon** (Summit: 36) reflects Huntington's thesis.
4. The **American** political scientist Huntington published his **theses** in **1996.** Assess whether his predictions have (already) come true.

UNTERRICHTSSZENARIO

Thema	Tiger Mothers and Successful Children
Standards	S 1, 2, 4, 5, 6, 11 + Lesen + dialogisches Sprechen + Schreiben + interkulturelle kommunikative Kompetenz + Sprachlernkompetenz (+ Sprachmittlung)
Material	▪ Excerpt from Amy Chua's autobiographical book *Battle Hymn of the Tiger Mother* (2011) (see below) ▪ See also: Thaler 2012 (incl. DVD with similar lesson recording); Context: 57ff.
Anbindung	**Topics:** Individuals and society, education, parenting styles, success, school, Western vs. Eastern values **Lead-in:** 1. Photo of Chinese gymnastics kids (see below) being drilled in the gym (made to hang from high bars) → describing and assessing these educational methods 2. Book *Battle Hymn of the Tiger Mother* → Teacher holds it up in the air and asks students whether they know it. Background information is collected. **Follow-up:** *Helikopter-Eltern* by Josef Kraus (2013): The blurb (see below) of this best-selling book on overprotecting helicopter parents (curling parents) and their airbag kids is mediated into English. Afterwards the main ideas are discussed. *„Wir meinen es doch nur gut und wollen das Beste für unser Kind." Dieser Satz wird immer häufiger zum Fluch für Kinder, denn aus der entschuldigenden Beteuerung vieler Eltern ist längst ein gigantisches Erziehungsprojekt geworden. Helikopter-Eltern, die die totale Lufthoheit über das Kind an sich reißen und zwanghaft alles um es herum steuern, wollen ihre Kleinen zu einem Gesamtkunstwerk formen.* *Überidentifikation, Überbehütung und Übergratifikation werden zu einem zunehmenden Problem. Denn unsere Gesellschaft hat Maß und Mitte verloren: gar keine Fürsorge auf der einen Seite und viel zu viel auf der anderen. Gerade umsorgende Eltern haben sich von vermeintlich kompetenten Seiten einreden lassen, dass man die Zukunft der Kinder fest in den Griff nehmen müsse. Die Folge sind Drill und Kontrolle – aus Angst, etwas falsch zu machen oder zu versäumen. Jedoch: Die Fixierung auf die Zukunft nimmt den Heranwachsenden die Gegenwart und macht sie schließlich zu unmündigen Erwachsenen* (Kraus 2013).

Aufgabe **Global-to-detail approach:**

1. **Lead-in** (see above)
2. **First reading:**
   Skim the text.
3. **Global comprehension:**
   Describe the two parenting styles the author refers to.
4. **Second reading:**
   In pairs, scan the text to find three statements by Amy Chua that should be discussed.
5. **Detailed comprehension:**
   Read out the statements, and discuss them in the form of a three-chair circle, i. e. the pair reads out the statements and another student comments on them.
6. **Post-reading:**
   a) Analyze the title of Chua's book and explain what it tells us about her parenting philosophy. Does she really mean everything she says?
   b) Say what conclusions you may draw for your own attitude towards learning English.
7. **Homework:**
   Amy Chua's daughter Lulu could not stand her mother's draconian regime any longer and rebelled against her. Write an e-mail to Lulu in which you personally comment on her situation.

Battle Hymn of the Tiger Mother (excerpt)

A lot of people wonder how Chinese parents raise such stereotypically successful kids. They wonder what these parents do to produce so many math whizzes and music prodigies, what it's like inside the family, and whether they could do it too. Well, I can tell them, because I've done it. Here are some things my daughters, Sophia and Louisa, were never allowed to do:

- attend a sleepover
- have a playdate
- be in a school play
- complain about not being in a school play
- watch TV or play computer games
- choose their own extracurricular activities
- get any grade less than an A
- not be the No. 1 student in every subject except gym and drama
- play any instrument other than the piano or violin
- not play the piano or violin.

I'm using the term "Chinese mother" loosely. I know some Korean, Indian, Jamaican, Irish and Ghanaian parents who qualify too. Conversely, I know some mothers of Chinese heritage, almost always born in the West, who are not Chinese mothers, by choice or otherwise. I'm also using the term "Western parents" loosely. Western parents come in all varieties.

All the same, even when Western parents think they're being strict, they usually don't come close to being Chinese mothers. For example, my Western friends who consider themselves strict make their children practice their instruments 30 minutes every day. An hour at most. For a Chinese mother, the first hour is the easy part. It's hours two and three that get tough.

Despite our squeamishness about cultural stereotypes, there are tons of studies out there showing marked and quantifiable differences between Chinese and Westerners when it comes to parenting. In one study of 50 Western American mothers and 48 Chinese immigrant mothers, almost 70 % of the Western mothers said either that "stressing academic success is not good for children" or that "parents need to foster the idea that learning is fun." By contrast, roughly 0 % of the Chinese mothers felt the same way. Instead, the vast majority of the Chinese mothers said that they believe their children can be "the best" students, that "academic achievement reflects successful parenting," and that if children did not excel at school then there was "a problem" and parents "were not doing their job."

Other studies indicate that compared to Western parents, Chinese parents spend approximately 10 times as long every day drilling academic activities with their children. By contrast, Western kids are more likely to participate in sports teams.

What Chinese parents understand is that nothing is fun until you're good at it. To get good at anything you have to work, and children on their own never want to work, which is why it is crucial to override their preferences. This often requires fortitude on the part of the parents because the child will resist; things are always hardest at the beginning, which is where Western parents tend to give up. But if done properly, the Chinese strategy produces a virtuous circle. Tenacious practice, practice, practice is crucial for excellence; rote repetition is underrated in America. Once a child starts to excel at something – whether it's math, piano, pitching or ballet – he or she gets praise, admiration and satisfaction. This builds confidence and makes the once not-fun activity fun. This in turn makes it easier for the parent to get the child to work even more. [...]

I think there are three big differences between the Chinese and Western parental mind-sets.

First, I've noticed that Western parents are extremely anxious about their children's self-esteem. They worry about how their children will feel if they fail at something, and they constantly try to reassure their children about how good they are notwithstanding a mediocre performance on a test or at a recital. In other words, Western parents are concerned about their children's psyches. Chinese parents aren't. They assume strength, not fragility, and as a result they behave very differently.

For example, if a child comes home with an A-minus on a test, a Western parent will most likely praise the child. The Chinese mother will gasp in horror and ask what went wrong. If the child comes home with a B on the test, some Western parents will still praise the child. [...] If a Chinese child gets a B – which would never happen – here would first be a screaming, hair-tearing explosion. The devastated Chinese mother would then get dozens, maybe hundreds of practice tests and work through them with her child for as long as it takes to get the grade up to an A. Chinese parents demand perfect grades because they believe that their child can get them. If their child doesn't get them, the Chinese parent assumes it's because the child didn't work hard enough. That's why the solution to substandard performance is always to excoriate, punish and shame the child. The Chinese parent believes that their child will be strong enough to take the shaming and to improve from it. [...]

Second, Chinese parents believe that their kids owe them everything. […] Anyway, the understanding is that Chinese children must spend their lives repaying their parents by obeying them and making them proud. By contrast, I don't think most Westerners have the same view of children being permanently indebted to their parents. My husband, Jed, actually has the opposite view. "Children don't choose their parents," he once said to me. "They don't even choose to be born. It's parents who foist life on their kids, so it's the parents' responsibility to provide for them. Kids don't owe their parents anything. Their duty will be to their own kids." This strikes me as a terrible deal for the Western parent.

Third, Chinese parents believe that they know what is best for their children and therefore override all of their children's own desires and preferences. That's why Chinese daughters can't have boyfriends in high school and why Chinese kids can't go to sleepaway camp. It's also why no Chinese kid would ever dare say to their mother, 'I got a part in the school play! I'm Villager Number Six. I'll have to stay after school for rehearsal every day from 3:00 to 7:00, and I'll also need a ride on weekends." God help any Chinese kid who tried that one.

Don't get me wrong: It's not that Chinese parents don't care about their children. Just the opposite. They would give up anything for their children. It's just an entirely different parenting model.

Amy Chua: Battle Hymn of the Tiger Mother. In: Context: 27 ff.

5 Sprachbewusstheit

DEFINITION

> Die Schülerinnen und Schüler können ihre Einsichten in Struktur und Gebrauch der Zielsprache und anderer Sprachen nutzen, um mündliche und schriftliche Kommunikationsprozesse sicher zu bewältigen (BiSta 2012: 21).

ERLÄUTERUNG Sprachbewusstheit *(language awareness)* bedeutet **Sensibilität** für und **Reflexion** über **Sprache.** Dazu gehören:

- bewusste Nutzung von Ausdrucksmitteln und Sprachvarianten,
- Sensibilität für Stil (wie wir sprechen/schreiben), Register (wie wir in welcher Situation mit wem sprechen/schreiben), kulturell geprägte Sprachformen, z. B. Höflichkeit,
- Rolle und Verwendung von Sprachen in der Welt.

Eine sensible Wahrnehmung und Gestaltung der sprachlich-diskursiven Beziehungen kann nicht nur fremdsprachige Kompetenz fördern, sondern auch interkulturelles Lernen und die Bildung der Persönlichkeit.

Im grundlegenden Niveau werden sieben Einzelstandards unterschieden.

1. EINZELSTANDARD

> *S 1: Die SuS können grundlegende Ausprägungen des fremdsprachigen Systems an Beispielen erkennen und benennen, Hypothesen im Bereich sprachlicher Regelmäßigkeiten formulieren und Ausdrucksvarianten einschätzen.*

TASK *Error Spotting:* Do a **close reading** of the text on „University Courses" (Dretzke/Dretzke 2015: 19), identify the **mistakes** and attempt at **correcting** them.

2. EINZELSTANDARD

> *S 2: Die SuS können regionale, soziale und kulturell geprägte Varietäten des Sprachgebrauchs erkennen.*

TASK *Dis Poetry* by **British Jamaican** dub poet and **Rastafarian** Benjamin Zephaniah (Summit: 245 f.; http://benjaminzephaniah.com/rhymin/dis-poetry/, letzter Zugriff am 15. 04. 2016): First listen to the recording of the poem, and try to feel the rhythm. Then read it and make sure that you understand the basic content of words and phrases. What **differences** to the **British English** you are used to can you **hear and see** concerning grammar, vocabulary, spelling, and pronunciation?

3. EINZELSTANDARD

> *S3: Die SuS können sprachliche Kommunikationsprobleme erkennen und Möglichkeiten ihrer Lösung, u. a. durch den Einsatz von Kompensationsstrategien, abwägen.*

TASK *Business Blunders:* The following list contains eight mistakes which led to partly serious **communication problems** in business negotiations. **Correct** them, explain the problems involved, and try to find **alternative ways** of expressing things you do not know the English words of.

"I did my apprentice in a hotel."
"That costume looks really good on you."
"He's a successful undertaker."
"Let's make a date for tomorrow."
"I talked to my chief yesterday."
"The meeting was terminated for 1 p. m."
"All attention!"

4. EINZELSTANDARD

> *S4: Die SuS können wichtige Beziehungen zwischen Sprach- und Kulturphänomenen an Beispielen belegen und reflektieren.*

TASK *Irish Joke* (Summit Trainer: 4): **Explain** the following **joke** by referring to **linguistic** and **cultural** aspects.
A giant of a man walked into a Dublin pub with a tiger on a lead. He looked grimly round the bar and then shouted at the barman: "Do you serve Englishmen in here?" "Of course, sir," said the nervous barman. "Good," said the man, "I'll have two for the tiger."

5. EINZELSTANDARD

> *S5: Die SuS können Gemeinsamkeiten, Unterschiede und Beziehungen zwischen Sprachen erkennen und reflektieren.*

TASK *Cognates and False Friends: Cognates* are words in two languages that are similar in meaning and form, e.g. 'house' in English and 'Haus' in German. *False friends* are words in two languages that look or sound similar, but differ significantly in meaning, e.g. 'to become' in English and 'bekommen' in German ("Can I become a beefsteak?"). **Find** more **cognates** and **false friends** in German and English.

6. EINZELSTANDARD

S 6: Die SuS können über Sprache gesteuerte Beeinflussungsstrategien erkennen, beschreiben und bewerten.

TASK *Advertisements:* Below you find three **adverts. Analyze** them by answering three questions about each advert:

- What item is advertised?
- What political, economic or cultural **attitudes** are reflected in the ad?
- What **techniques** are used to **influence** the consumers?

Real Men use Macs.
Don't Fight it.
Accept it.
As your new Computer.

I WANT YOU FOR U.S. ARMY

SUPER FRUIT Pear Chunks
Super Taste. Super Snack. Super Fruit

7. EINZELSTANDARD

S 7: Die SuS können aufgrund ihrer Einsichten in die Elemente, Regelmäßigkeiten und Ausdrucksvarianten der Fremdsprache den eigenen Sprachgebrauch steuern.

TASK *Classroom Surveillance:* The two texts about video cameras in classrooms (Context: 22 f.; http://www.debate.org/opinions/should-classrooms-have-video-cameras, letzter Zugriff am 15. 04. 2016) contain some elements of **informal language.** In an **argumentative text,** you should aim at using more **formal language. Rewrite** the underlined parts of the following sentences using a more formal **register:**

- A video recording could be the one thing that saves a teacher's job.
- You're treating them like they are already criminals.

Im erhöhten Niveau werden zwei Einzelstandards unterschieden.

8. EINZELSTANDARD

S8: Die SuS können darüber hinaus Varietäten des Sprachgebrauchs sprachvergleichend einordnen.

TASK *The Language of Shakespeare:* **Find** the **Modern English** expression for each of the **Early Modern English** terms.

Early Modern E.	*Modern English*	*Examples from Early Modern English*
art		"Thou art dead; no physician's art can save you."
dost/doth		"Dost thou know the time?"
ere		"We must leave ere daybreak."
fie		"You cheated? Fie upon it!"
hither		"Come hither, young lad."
thy		"Thy name is more hateful than thy face."
wherefore		"Wherefore dost thou leave?"

9. EINZELSTANDARD

S9: Die SuS können darüber hinaus die Erfordernisse einer kommunikativen Situation (u. a. bezogen auf Medium, Adressatenbezug, Absicht, Stil, Register) reflektieren und in ihrem Sprachhandeln berücksichtigen.

TASK *Political Correctness (PC):* First determine the **genre** and **tone** of this politically correct Christmas greeting (http://www.politicallyincorrect.me.uk/xmas.htm, letzter Zugriff am 15. 04. 2016). Then assess whether you would **write** or **speak** similar **politically correct texts.**

Merry Christmas and a Happy New Year!

Ooops sorry, what I should have said is … Happy Holidays!

Please accept with no obligation, implied or implicit, my best wishes for an environmentally conscious, socially responsible, low stress, non-addictive, gender neutral celebration of the winter solstice holiday, practiced within the most enjoyable traditions of the religious persuasion of your choice, or secular practices of your choice, with respect for the religious/secular persuasions and/or traditions of others, or their choice not to practice religious or secular traditions at all … and a fiscally successful, personally fulfilling, and medically uncomplicated recognition of the onset of the generally accepted calendar year 2017, but not without due respect for the calendars of choice of other cultures whose contributions to society have helped make America great (not to imply that America is necessarily greater than any other country or is the only "America" in the Western hemisphere), and without regard to the race, creed, color, age, physical ability, religious faith, or sexual orientation of the wishee.

DISCLAIMER: By accepting this greeting, you are accepting the following terms: This greeting is subject to clarification or withdrawal, and is revocable at the sole discretion of the wisher at any time, for any reason or for no reason at all. This greeting is freely transferable with no alteration to the original greeting. This greeting implies no promise by the wisher to actually implement any of the wishes for the wishee, him/herself or others, or responsibility for the consequences which may arise from the implementation or non-implementation of same.

This greeting is void where prohibited by law.

Merry Christmas and a Happy New Year! http://www.politicallyincorrect.me.uk/xmas.htm (letzter Zugriff am 15. 04. 2016)

UNTERRICHTSSZENARIO

Thema	50 German Stars
Standards	S 1, 2, 4, 5, 7, 9 + Sprechen + kreatives Schreiben + Sprachmittlung + interkulturelle kommunikative Kompetenz + Text- und Medienkompetenz
Material	Transparency: Loanwords in English (see below) Laas Abendroth's poster: *50 German Stars* (see below) See also: Summit: 241; Summit Teachers' Manual: 480 ff.

Anbindung **Topics:**

Global language, English and German languages, American English, loan words, art, Denglish, language purity

Lead-in:

English loanwords from around the world: A transparency with a table consisting of three columns is gradually uncovered (see below). Students have to guess the meaning and language of origin for each loanword.

Follow-up:

- *Latin Reloaded: Von wegen Denglisch – alles nur Latein:* Reading one sample text from the book by Karl-Wilhelm Weeber (2011), who demands the term *Denglish* to be replaced by *Denglatein* as at least half of the Denglish words are of Latin origin. "Weeber geht sprachlich Backstage (stare, ‚stehen') und sampelt (exemplum, ‚Beispiel') im riesigen Latein-Pool der English language (lingua, ‚Sprache') herum (Weeber 2011: Rückentext)."
- *Denglisch for Better Knowers:* Reading extracts from the book by Fletcher/Hawkins (2014) about mistranslated German proverbs:
  - I think, I spider.
  - With me is not good cherry eating.
  - I only understand train station.
  - My English is under all pig.
  - That is not the yellow from the egg.
  - It's pouring like out of buckets.
  - There becomes yes the dog in the pan crazy.
  - I have made myself – me nothing, you nothing – out of the dust.
- Denglisch: Listening to the song by Daniel „Dän" Dickopf

  Ich bin zum Bahnhof gerannt und war a little bit too late:
  Auf meiner neuen Swatch war's schon kurz vor after eight.
  Ich suchte die Toilette, doch ich fand nur ein „McClean",
  ich brauchte noch Connection und ein Ticket nach Berlin.
  Draußen saßen Kids und hatten Fun mit einem Joint.
  Ich suchte eine Auskunft, doch es gab nur 'n Service Point.
  Mein Zug war leider abgefahr'n – das Traveln konnt' ich knicken.
  Da wollt' ich Hähnchen essen, doch man gab mir nur McChicken.
  Oh Herr, bitte gib mir meine Sprache zurück,
  ich sehne mich nach Frieden und 'nem kleinen Stückchen Glück.
  Lass uns noch ein Wort verstehn in dieser schweren Zeit,
  öffne unsre Herzen, mach' die Hirne weit.
  ...
  (http://wiseguys.de/songtexte/details/denglisch/, letzter Zugriff am 15.04.2016)

Aufgabe

1. **Lead-in:**
   See above and below (table with loanwords) – or: immediately presenting the poster.
2. **Presenting *50 German Stars*** (see below):
   a) What's your first impression?
   b) Describe the poster.
   c) The teacher gives background information on Abendroth's poster (born 1967, freelance artist, painting was shown during an exhibition at the Deutsches Nationalmuseum, Nuremberg, 2006, kind of figurative quotation of the American flag).
   d) Do you like this piece of art? Why (not)?
3. **Mediating:**
   a) Get together in groups of three and work with the poster; each group picks five of the words.
   b) Try to find English explanations while still referring to the cultural background or notion behind the words.
   c) Now explain these in class, without giving the word. The other groups are asked to guess which one was explained.
   d) For each correct guess, one credit is awarded. For an incorrect answer, one credit is taken off. The group with the most credits is the winner.
4. **Denglish:**
   a) The other way round, i. e. English words entering German, is called „Denglish". With your partner, create a piece of art similar to Abendroth's – perhaps titled "50 English Stars in German".
   b) The creations can be put up on the wall and explored during a gallery walk.
   c) The well-known German designer Jil Sander once gave a strange example of a mixture between German and English in an interview. The teacher reads out the quotation, the students listen and cannot read the text. Then they have to say in German what Sander said:
   Der problembewusste Mensch von heute kann diese refined qualities mit spirit eben auch appreciaten. […] Man muss Sinn haben für das effortless, das magic meines Stils (Summit: 241).
   Afterwards the students state what they personally think of this text. Advantages and disadvantages of Denglish are discussed (pros: sounds modern and hip, immediate reaction to new trends; cons: too trendy, just showing off, people do not understand exact meaning, in-group talk, excluding other people).
5. **Homework:**
   Find another example of a Denglish text, and bring it along to next class.

Loanwords in English		
Word	***Explanation***	***Origin***
Faux pas	The violation of a commonly accepted social rule	French
Kitschy	Being lowbrow, tacky, or in bad taste	German, Yiddish
Aficionado	An ardent admirer or fan of something	Spanish
Basmati	Something with a pleasant aroma	Hindi
Prima donna	'First lady', principal female singer in an opera, often used to refer to a spoiled, ill-tempered person	Italian
Alter ego	'Other self', used to describe the other person-ality of a person who leads a double life	Latin
Samurai	The military class that served the nobility in pre-industrial Japan	Japanese

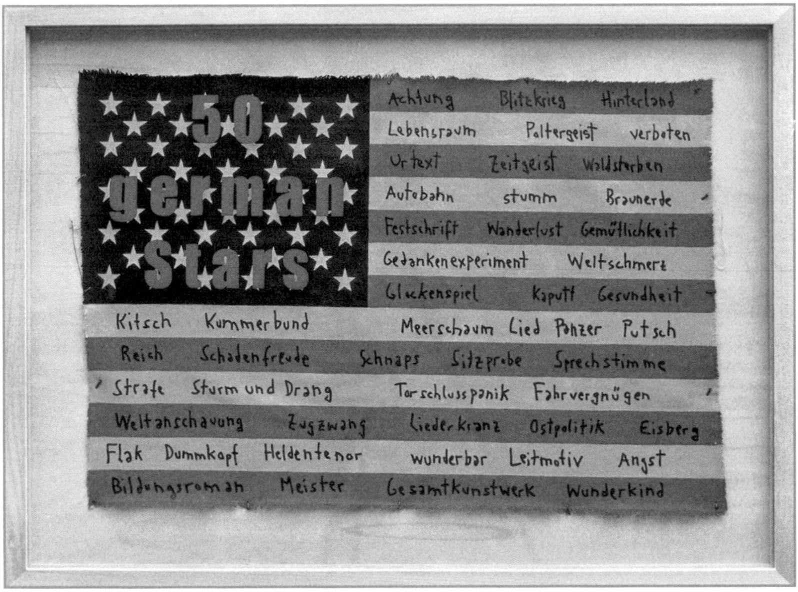

6 Sprachlernkompetenz

DEFINITION

Die Schülerinnen und Schüler können ihre sprachlichen Kompetenzen und ihre vorhandene Mehrsprachigkeit (Erstsprache, ggf. Zweitsprache, Fremdsprachen) selbstständig und reflektiert erweitern. Dabei nutzen sie zielgerichtet ein breites Repertoire von Strategien und Techniken des reflexiven Sprachenlernens (BiSta 2012: 22).

ERLÄUTERUNG „Sprachlernkompetenz beinhaltet die Fähigkeit und Bereitschaft, das eigene Sprachenlernen selbstständig zu analysieren und bewusst zu gestalten, wobei die Schülerinnen und Schüler auf ihr mehrsprachiges Wissen und auf individuelle Sprachlernerfahrungen zurückgreifen" (ebd.). Dazu gehören:

- Verfügen über **Lernmethoden** und Beherrschung konkreter **Strategien**,
- Beobachtung und Evaluation der eigenen **Sprachlernmotivation**, -**prozesse** und -**ergebnisse**,
- Bereitschaft und Fähigkeit, **Konsequenzen** daraus zu ziehen.

Sprachlernkompetenz ist eine der beiden Transversalkompetenzen, welche sich in den anderen Kompetenzbereichen widerspiegeln beziehungsweise diese unterstützen. Da sie als Element der anderen Kompetenzen in diesen verwoben ist, lässt sie sich nur schwer operationalisieren und folglich auch nur schwer beurteilen: „Eine Ausnahme bildet die Sprachlernkompetenz, die **nicht explizit** in Aufgabenstellungen überprüft wird" (BiSta 2012: 24).

Im grundlegenden Niveau werden fünf Einzelstandards unterschieden.

1. EINZELSTANDARD

S 1: Die SuS können ihr Sprachlernverhalten und ihre Sprachlernprozesse reflektieren und optimieren.

TASK *The Good Learner:* **Compare** yourself with the **good learner** shown in this cartoon: **Reflect** on your own **strengths** as well as **weaknesses**, and **make suggestions** on how to "weaken the weaknesses" (http://wadem.edublogs.org/files/2011/05/learner-1u00e8a.png, letzter Zugriff am 15.04.2016).

What Makes a Good Learner

„I can do it!“
Positive attitude

Perseverance

Being
a good listener

© Fotolia/mikesilent

Not being
afraid to get things
wrong

Always trying
your best

Doing your
homework on time
and regularly

Being able
to share ideas
and knowledge

Good
concentration

Asking
when you really
need help

2. EINZELSTANDARD

S2: Die SuS können ihre rezeptiven und produktiven Kompetenzen prüfen und gezielt erweitern, z. B. durch die Nutzung geeigneter Strategien und Hilfsmittel (u. a. Nachschlagewerke, gezielte Nutzung des Internets).

TASK *OWAD* (One word a day): OWAD is a **free e-mail service** which **improves** your active and passive **word power** as well as your **intercultural communicative competence.** From Monday to Friday you are sent a word or idiom selected from the international press. You can **test** yourself with a mini-quiz, **read** interesting background information, and learn how to **use** the word in communication. **Subscribe** to http://owad.de/(letzter Zugriff am 15. 04. 2016).

Example

Dear Engi,
The word for you today is
pick-up line

Please choose the definition you think is correct:
a) a bus transfer for railway services
b) a robot assembly line
c) a comment used to get a date with someone

Definition:
c) a comment used to get a date with someone

German translation:
pick-up line = Anmachspruch, Aufreißvers, Flirtspruch

Sample text:
Looking for love and heading to Europe? Why not learn clever pick-up lines in six languages before hitting the Continent?

Word origin:
Pick-up line combines two words: *pick-up,* which is slang for making a casual acquaintance with someone in anticipation of having a relationship with them, and *line,* which is slang for a witty comment.
Creating good pick-up lines is an art, and a difficult one at that. Men in particular have been searching for the ultimate pick-up line from time immemorial. And as far as we know, it has yet to be discovered. Some examples:

- Excuse me, I seem to have lost my phone number. Could I borrow yours?
- Do you believe in love at first sight, or shall I walk by again?
- Excuse me, do you kiss strangers? No? Well, let me introduce myself.
- I'm new in town. Could you give me directions to your apartment?
- Do you have a map? I keep getting lost in your eyes.
- The only thing your eyes haven't told me is your name.

3. EINZELSTANDARD

S3: Die SuS können das Niveau ihrer Sprachbeherrschung einschätzen, durch Selbstevaluation in Grundzügen dokumentieren und die Ergebnisse für die Planung des weiteren Fremdsprachenlernens nutzen.

TASK *The "Self-Evaluate Your Language Skills" Game:* This online tool helps you to **assess your level of proficiency** in English according to six reference levels defined within the CEFR (Common European Framework of Reference for Languages). Go to http://elp.ecml.at/UsingtheELP/Evaluateyourlanguageskills/tabid/2702/language/en-GB/Default.aspx (letzter Zugriff am 15.04.2016). You are given a series of 10 to 20 **questions** to check out your **language skills in five areas:** listening, reading, spoken interaction, spoken production and writing.
Note: When answering the questions within the application, remember that this is a self-assessment procedure and the results only reflect a part of your skills and that this is a game! Only you know what you can really do with your languages.

4. EINZELSTANDARD

S4: Die SuS können Begegnungen in der Fremdsprache für das eigene Sprachenlernen nutzen (z.B. persönliche Begegnungen, Internetforen, Radio, TV, Filme Theateraufführungen, Bücher, Zeitschriften).

TASK *Extra-mural English:* To improve, you must extend language learning beyond the classroom. Therefore keep on reading this handout, and **explore extra-mural language activities** (Thaler 2012: 146f.).

Competences	*Extra-mural English*
Speaking	■ enjoy singing in English ■ carry on a talking journal with someone (a teacher, a close friend or a foreign penfriend) on cassette/MP3 or videotape/DVD ■ become a member of a friendship group or club ■ throw an English/American party ■ talk to yourself or repeat aloud dialogues learnt in class ■ ....
Writing	■ write to a penfriend ■ keep a diary ■ write letters to the editor of an English paper ■ take part in chats ■ talk to chatbots (e. g. ALICE) ■ ....
Reading	■ read English books ■ subscribe to EFL journals (e. g. World and Press, Spotlight, Current) ■ research the Internet ■ check out EFL websites ■ read the lyrics of pop songs ■ ....
Listening/Viewing	■ watch English language channels ■ listen to audio broadcasts and podcasts ■ rent a movie ■ listen to pop songs ■ ....
Mediation	■ go for L1–L2 situations ■ interpret when communication problems arise (e. g. exchange programmes) ■ watch English films with German subtitles ■ ....
Grammatical competence	■ get yourself a grammar book ■ revise certain grammar chapters ■ play online grammar games ■ ....
Lexical competence	■ subscribe to a vocab e-mail service (e. g. http://www.owad.de, letzter Zugriff am 15. 04. 2016) ■ study a vocab collection regularly ■ enhance your word power by doing crossword puzzles ■ ....

Competences	***Extra-mural English***
Pragmatic competence	■ observe how natives behave in certain situations ■ simulate similar situations ■ play games (Monopoly, Scrabble, Life, Pictionary, etc.) ■ ....
ICC	■ find a pen pal ■ go on an exchange visit or a holiday trip abroad ■ apply as a guide at tourist information centres ■ go on bus tours designed for English tourists ■ ....
Literary competence	■ read your favourite novels, plays, short stories, and poems ■ check out literature websites ■ compare books and film adaptations ■ ....
Media literacy	■ inform yourself about the world of media ■ evaluate the potential of Web 2.0 ■ make films, podcasts, blogs ■ upload YouTube videos ■ ....

5. EINZELSTANDARD

S5: Die SuS können durch Erproben sprachlicher Mittel die eigene sprachliche Kompetenz festigen und erweitern und in diesem Zusammenhang die an anderen Sprachen erworbenen Kompetenzen nutzen.

TASK *Tandem Language Learning:* This is a method of **language learning** based on mutual language exchange between **tandem** partners. Ideally each learner is a native speaker in the language the proponent wants to learn, which means you should look for a native speaker of **English**, and you offer **German** as your mother tongue. You can meet in person (face-to-face tandem), but most of the time you will learn by e-mail, phone or other media (eTandem, distance tandem). Remember the criteria for "good" tandems: human sympathy, common interests, time availability, punctuality, reliability, consistency, common aims, initial support at the beginning of the experience. There are several sites to find a partner, e.g. http://www.tandempartners.org/, or http://www.tandemexchange.com/ (letzter Zugriff am 15.04.2016).

Im erhöhten Niveau werden zwei Einzelstandards unterschieden.

6. EINZELSTANDARD

S6: Die SuS können darüber hinaus das Niveau ihrer eigenen Sprachbeherrschung einschätzen und selbstkritisch bewerten, durch Selbstevaluation angemessen dokumentieren und die Ergebnisse für die Planung des weiteren Sprachenlernens verwenden.

TASK *European Language Portfolio* (http://www.coe.int/portfolio, letzter Zugriff am 15. 04. 2016): The ELP is a personal document which consists of three parts: a *language passport* (you can **document** your language qualifications, experience of using different languages and contacts with different cultures), a *language biography* (helps you to set learning targets, to **record and reflect on language learning**, and regularly **assess** progress **critically**), and a *dossier* (you can keep samples of your work in English). Choose a suitable ELP for your proficiency level.

7. EINZELSTANDARD

S7: Die SuS können durch planvolles Erproben sprachlicher Mittel und kommunikativer sowie interkultureller Strategien die eigene Sprach- und Sprachhandlungskompetenz festigen und erweitern und in diesem Zusammenhang die an anderen Sprachen erworbenen Kompetenzen nutzen.

TASK *eTwinning:* Take part in an **eTwinning project.**
This initiative of the European Commission encourages **European schools** to collaborate using information and communication technologies by providing the necessary infrastructure (http://www.etwinning.net/de/, letzter Zugriff am 15. 04. 2016). The primary workspace is the eTwinning Portal, which is available in **twenty-five languages.** Teachers registered in the eTwinning action (eTwinners) find each other, **communicate,** share resources and collaborate through the eTwinning platform. Your school is paired with another school elsewhere in Europe, and you **systematically** develop a project, using the Internet (e-mail, video conferencing), sharing and learning from each other. Being 'twinned' with a foreign school also promotes students' **cross-cultural learning**, and improves their **communication skills.**

UNTERRICHTSSZENARIO

Thema	Climbing the Mountain of English
Standards	S 1, 3, 4, 6 + Sprechen + Schreiben + Text- und Medienkompetenz + Sprachbewusstheit
Material	■ Cartoon: *The Mountain of English* (see below) ■ See also: Summit: 10f.; Summit Teachers' Manual: 8ff.
Anbindung	**Topics:** Learning a foreign language, cartoons, personal identity **Lead-in:** This scenario can be employed in the first lesson(s) in grade 11. ■ The following quotation is discussed: "It is simple to speak simple English, but it is not simple to speak good English." Or do you prefer the KISS principle: "Keep it short and simple"? ■ The teacher explains why he/she would compare learning English to playing football: process and product orientation (whole match, importance of final score), cooperation, different types of learners/players, teacher as coach, preparation and training, sweat and talent, many competences needed. ■ Students are asked to state which metaphor fits their notion of learning English. **Follow-up:** ■ English beyond the classroom (Summit Teacher's Manual, Copy 1) ■ Starting a portfolio ■ First unit of the textbook
Aufgabe	1. **Mountain metaphor:** ■ Outline the meaning and structure of the cartoon. ■ Choose one of the eight steps in the cartoon and explain why it is humorous. 2. **Personal ascent:** Trace your personal route to the summit. Talk to your partner about your learning biography so far. 3. **Current state:** At what point of your learning expedition are you at the moment? Try to evaluate yourself in the following aspects of learning English: ■ listening ■ viewing/listening ■ speaking ■ reading ■ writing

- mediating
- grammar
- vocabulary
- pronunciation
- intercultural learning
- text and media competence
- language awareness

4. **Targets:**
   Identify your personal motives for learning English.
5. **Methods:**
   A foreign language must be learned both inside and outside the classroom. In what fields or activities are you going to improve your English?
6. **Metaphors:**
   There are several ways of illustrating the process of learning a foreign language. Compare the following metaphors, choose the one you like best, and explain your decision:
   - climbing a mountain
   - playing a football match
   - acting out a drama
   - living together with a partner
   - having a conversation
   - … (your own metaphor)

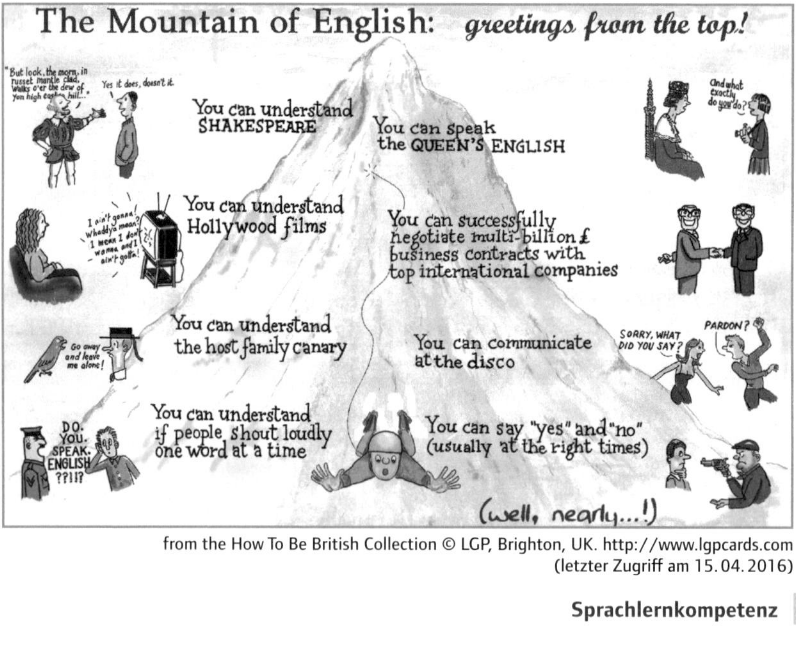

7 Schlusswort

VERÄNDERUNGEN Mit der Verabschiedung der **Bildungsstandards** für das Abitur 2012 und dem gemeinsamen **Abituraufgabenpool** ab 2017 sind zwei wichtige Schritte gegangen worden. Folgenden Veränderungen wurde der Boden bereitet (vgl. auch Horn/Schröder/Sommerschuh 2012):

- Aufgabe einer einseitigen Fixierung auf Wissenschaftspropädeutik,
- Stärkung der funktionalen kommunikativen Kompetenzen,
- Förderung der (monologischen und dialogischen) Mündlichkeit,
- Entwicklung einer anspruchsvollen diskursiven Praxis,
- Ergänzung der vier *basic skills* durch Sprachmittlung,
- Erweiterung des Hörverstehens zu Hörsehverstehen,
- Kompetenzorientierung,
- Stärkung der kommunikativen Strategien (gesprächspragmatische Aspekte),
- Erweiterung der Textkompetenz um mediale Texte,
- Berücksichtigung diskontinuierlicher Texte,
- Flankierung der drei großen Kompetenzbereiche durch Sprachbewusstheit und Sprachlernkompetenz,
- Öffnung der Abiturprüfung für alle Teilkompetenzen,
- Stärkung der kommunikativen Ausrichtung des Abiturs,
- Reduzierung der Rolle der klassischen Textaufgabe.

FORDERUNGEN Gleichwohl müssen weitere Schritte unternommen werden, um **noch besseren Fremdsprachenunterricht** und ein **gerechteres Bildungssystem** zu erreichen. Deswegen sind sowohl auf der unterrichtspraktischen Ebene als auch auf der politischen Ebene Fortschritte wünschenswert.

DIDAKTISCHE TIPPS Im Bereich der konkreten fremdsprachlichen **Unterrichtspraxis** sollte dieser **Dekalog** berücksichtigt werden:

1. Inhalte würdigen

Der Paradigmenwechsel von der Input- zur Output-Orientierung hat die Inhalte etwas ins Abseits gestellt (Thaler 2010). Kompetenzen können aber nicht an beliebigen und austauschbaren Themen erworben werden. Ein inhaltsdiffuser Funktionalismus ist zu vielem fähig – wie manches Volk aus leidvoller Erfahrung weiß. Außerdem gilt es daran zu erinnern, dass es nicht nur ein, sondern drei grundlegende Modelle der Curriculum-Gestaltung gibt (Richards 2013): *forward, central, backward design*. Der Wechsel zur Kompetenzorientierung hat eine der drei Optionen, i. e. die letzte, absolut gesetzt.

2. Wissen nicht geringschätzen

Der Kompetenzbegriff wird nicht selten in Kontrast zum Wissensbegriff gestellt. Wissen ist aber eine Grundlage von Kompetenz. Ohne deklaratives Wissen über das Sprachsystem, Kenntnis verschiedener Textsorten oder soziokulturelles Wissen über Zielkulturen kann ich nicht vernünftig können.

3. Kompetenzen integriert unterrichten

Die Bistas führen die Einzelstandards zwar isoliert auf, aber bereits in der Theorie bestehen vielfältige Wechselwirkungen zwischen ihnen. Und in praxi lassen sie sich meist nur integrativ behandeln *(integrated competences approach).*

4. Kompetenzvielfalt nutzen

Die Bistas führen fünf Kompetenzbereiche mit insgesamt 100 Einzelkompetenzen auf. Diese Bandbreite sollte nicht zu Overload-Ängsten führen, sondern neue Wege und Ziele eröffnen.

5. Blinde Flecken sichtbar machen

Angesichts dieser dreistelligen Zahl werden nicht alle Einzelstandards gleichmäßig berücksichtigt werden können. Bestimmte Kompetenzen sollten aber nicht gänzlich marginalisiert werden. Können unsere Lernenden …

- beim Hörverstehen auch „implizite Einstellungen oder Beziehungen zwischen Sprechenden erfassen"?
- beim Leseverstehen „selbstständig komplexe Texte unterschiedlicher […] Entstehungszeiten auch zu wenig vertrauten Themen erschließen"?
- beim Sprechen „nicht-verbale Gesprächskonventionen situationsangemessen anwenden"?
- beim Schreiben „Leserlenkung und Fokussierung beachten"?
- bei der Sprachmittlung „kreativ mit den beteiligten Sprachen umgehen"?
- bei der IKK Vorurteile tatsächlich „relativieren und ggf. revidieren"?
- bei der TMK „die von ihnen vollzogenen Deutungs- und Produktionsprozesse reflektieren und darlegen"?
- bei der SB „Gemeinsamkeiten, Unterschiede und Beziehungen zwischen Sprachen erkennen und reflektieren"?
- bei der SLK „das Niveau ihrer eigenen Sprachbeherrschung […] selbstkritisch bewerten, durch Selbstevaluation angemessen dokumentieren und die Ergebnisse für die Planung des weiteren Sprachenlernens verwenden"?
- Und können/wollen wir als Lehrende die sprachlichen Mittel wirklich nur in ihrer „dienenden Funktion" verbessern?

6. Task-Overkill vermeiden

Der Kult um die Aufgabenorientierung sollte nicht zu einer Diskriminierung prä-kommunikativer Übungen führen. Neben *tasks* haben auch *exercises* weiterhin ihre Berechtigung. Und in der chronischen Operatoren-Manie sollten auch die inzwischen verpönten W-Fragen nicht als anachronistische Irrläufer negiert werden.

Eine systematische Progression von formalen Drills über vor-kommunikative Übungen zu kommunikativen Aufgaben und freiem Sprachgebrauch scheint der effektivste Weg zu sein. Man sollte bei den Übungen nicht stehen bleiben, sie aber auch nicht überspringen. Selbstständiger Gebrauch *(usage)* der Sprache ist das Ziel, aber vor-kommunikative Vorbereitung bleibt der Weg.

Selbst ehedem hartgesottene Apologeten des Aufgaben-Ansatzes sind inzwischen von der *strong version* zu einer *weak version* umgeschwenkt – von *Task-Based Language Learning zu Task-Supported Language Learning.*

7. Lernen und prüfen

Es gibt Lernaufgaben und Prüfungsaufgaben (und Diagnoseaufgaben). Tests sind angesichts des *backwash effect* unumgänglich – was nicht getestet wird, wird nicht gelehrt und gelernt. Dennoch sollte nicht nur *teaching to test* stattfinden, sondern auch *teaching to teach.*

8. Kontinuum bedenken

Die einzelnen Kompetenzen können natürlich nur graduell in einem langen Prozess entwickelt werden. Die Neuorientierung der Oberstufe wird auch auf den Englischunterricht der Sekundarstufe I zurückwirken.

9. Bilden, nicht nur ausbilden

Wenn Bildung auf Ausbildung reduziert wird, dann ist es bald „aus" mit der Bildung. Damit die Kompetenzorientierung mit dem Fokus auf funktional einsetzbaren Beständen nicht zu einer bildungstheoretischen Verarmung und Entkulturalisierung führt, muss die Fahne der Bildung hochgehalten werden. Im Bereich des Fremdsprachenlernens werden ethische und evaluative Dimensionen wie Reflexion über Sprachen, ästhetische Funktionen von Sprachverwendung, Identitätsentwicklung durch interkulturelles Bewusstsein, Dezentrierung durch grenzüberschreitende Kommunikationssituationen oder *democratic citizenship* (Europarat) als bildend erachtet.

10. Balanced Teaching
Eine ausgewogene Kombination von geschlossenen und offenen Methoden, Input und Output, verschiedenen Kompetenzen, Fremd- und Selbststeuerung, schnellen und langsamen Phasen, verschiedenen Sozialformen, *stir* und *settle activities*, mündlichen und schriftlichen Phasen, traditionellen und modernen Medien, heiteren und tiefgründigen Phasen scheint ein gewinnbringender Weg zu sein.

POLITISCHE WÜNSCHE Neben den Lehrkräften vor Ort sind auch Bildungspolitiker, die Schuladministration und die Lehreraus-, -weiter- und -fortbildung gefordert. Den folgenden **fünf politischen Forderungen** soll deshalb Ausdruck verliehen werden:

1. Gerechtigkeit
Die Kultusminister der Länder wollten kein Zentralabitur oder Einheitsabitur wie etwa in Frankreich, aber gleich schwere Abiturprüfungen in allen Bundesländern, damit die Abschlüsse am Ende der gymnasialen Oberstufe besser miteinander verglichen werden können. Vergleichbarkeit und Gerechtigkeit manifestieren sich dabei in mindestens zwei Dimensionen: Anforderungen und Bewertung (s. 4.). Diese Gerechtigkeit ist umso wichtiger, wenn Unterschiede von Hundertstelnoten beim Abiturdurchschnitt über die Zulassung zu Studiengängen entscheiden.
Zweifelsohne sind erste Schritte zu einer Vergleichbarkeit unternommen worden, aber von einer echten Gerechtigkeit der Abiturprüfungen ist man noch weit entfernt. Wenn in dem einen Bundesland höhere Anforderungen als in dem anderen gestellt werden und die Schüler dafür auch noch strenger benotet werden, dann liegt eine Doppelbestrafung der Prüflinge vor: mehr Arbeit und schlechtere Noten. Berücksichtigt man die ganzen außerhalb des Abiturs erbrachten Leistungen in der Oberstufe sowie die Auswahlmöglichkeiten, die fakultative Natur des Abituraufgabenpools mitsamt unterschiedlichen Bestimmungen zu Hilfsmitteln und Arbeitszeit, dann ist momentan nur ein kleiner Bruchteil des Abiturs „gemeinsam".
Wünschenswert ist mittel- und langfristig die Erhöhung dieses „gemeinsamen" Anteils. Dies kann beispielsweise über ein bundeseinheitliches „Kernabitur" als Bestandteil der Abiturprüfung inklusive fixem Anteil an der Gesamtnote erfolgen.

2. Kompetenzbreite
Ab 2017 werden Schreiben (verpflichtend), Lesen (fast immer integriert in die Schreibaufgabe) sowie zwei weitere Kompetenzbereiche im Abitur geprüft, z. B.

Hörverstehen, Sprachmittlung, Sprechen, Lesen – wobei sich die meisten Länder wohl für die ersten beiden Bereiche entscheiden werden. Dies stellt zweifelsohne einen Fortschritt dar, wurden doch vor 30 Jahren nur eineinhalb *basic skills* abgeprüft, i.e. Lesen (integriert) und Schreiben.
Gleichwohl stellt sich die Frage, warum nicht alle Kompetenzbereiche (langfristig) getestet werden sollen. Wenn schon alle postuliert werden, dann sollten sie auch kontrolliert werden. Die folgenden kämen dazu (TMK und SLK erscheinen momentan nicht valide und reliabel prüfbar):

- Hörsehverstehen → Filmausschnitte,
- Leseverstehen (isoliert),
- Sprachbewusstheit (isoliert),
- interkulturelle kommunikative Kompetenz (isoliert).

Die Probleme hinsichtlich Logistik, Modellierung, Operationalisierung, Reliabilität und Bearbeitungszeit dürfen nicht verschwiegen werden. Bezüglich Letzterem ließe sich an eine Verkürzung der Bearbeitungszeiten für die Schreibaufgabe (und die Sprachmittlungs- sowie Hörverstehensaufgaben) denken, um Zeit zu schaffen für die weiteren Kompetenzbereiche. Alternativ könnten auch alle Kompetenzbereiche lediglich als Angebot im Pool zur Verfügung gestellt werden.

3. Aufgabenvielfalt

Am Anfang der IQB-Beratungen stand auch der Wunsch, die traditionelle Verengung auf *„Summarize the text"*-Verständnisfragen, *„Analyze the rhetorical devices"*-Analysefragen, *„Write a letter to the editor"*-Evaluationsaufforderungen aufzubrechen. In der Anfangsphase eines gemeinsamen Abituraufgabenpools mag eine Beschränkung auf wenige Aufgabentypen verständlich erscheinen. Langfristig sollten die dreistellige Kompetenzenanzahl sowie die relativ umfangreiche Operatorenliste doch zu einer variableren Aufgabenstellung ermuntern.

4. Reliabilität

Vergleichbarkeit und Gerechtigkeit erfordern nicht nur eine vergleichbare Aufgabenstellung, sondern – vor allem – eine vergleichbare Bewertung der Leistungen der Prüflinge. Ein und dieselbe Antwort eines Schülers wird immer noch höchst unterschiedlich benotet.
Die Interrater-Reliabilität *(interrater reliability),* i.e. die Übereinstimmung (Konkordanz) der Beurteilungsergebnisse bei unterschiedlichen Prüfern, muss unbedingt erhöht werden. Die Annäherung an eine Urteilerübereinstimmung kann allerdings nur über eine bundesweite intensive Prüferschulung *(rater training)* erreicht werden.

5. Niveau

Im Diskurs zu Bildungsstandards und gemeinsamem Abitur wurde regelmäßig die Befürchtung über eine Abnahme der Qualität geäußert. Nivellierung ist meist synonym mit Reduzierung. Die vereinbarten Bistas stellen sich als recht anspruchsvoll dar. Ihre konkrete Umsetzung in den Abituraufgaben und dem Unterricht sollte diesen Anspruch nicht aufgeben.

THE TEACHER MATTERS Ungeachtet der Bedeutung der politischen Ebene sind und bleiben die **Lehrkräfte** die **entscheidenden Akteure:**

Sie sind beliebt und mächtig – daraus müssen sie nun etwas machen. Lehrerinnen und Lehrer also sind im Volk angesehen und spielen in der Schule die entscheidende Rolle. Sie sind die Schulpraktiker, die Experten, die Profis. Wenn die Lehrer ihre Sache nicht selbst in die Hand nehmen, dann werden weiter andere den Takt vorgeben (Die ZEIT vom 05. 09. 2013: 65).

Literatur

Am Ende der Literaturangaben ist in Klammern jeweils aufgeführt, unter welchen Angaben im Text auf einzelne Lehrwerke und Begleitmaterialien verwiesen wird.

1. Bildungsstandards – Text der Kultusministerkonferenz (KMK)

- Sekretariat der Ständigen Konferenz der Kultusminister der Länder in der Bundesrepublik Deutschland (2012): Bildungsstandards für die fortgeschrittene Fremdsprache (Englisch/Französisch) für die Allgemeine Hochschulreife. KMK: Berlin. **(BiSta 2012)**

2. Zitierte Lehrwerke und Begleitmaterialien

- Förtsch, Matthias / Strohbach, Julia (2014): Context Starter. Speaking Practice. Cornelsen: Berlin. **(Context Starter Speaking Practice)**
- Leithner-Brauns, Annette / Becker-Ross, Ingrid / Schwarz, Hellmut (2015) (Hrsg.): Context. Cornelsen: Berlin. **(Context)**
- Meyer, Oliver et al. (2010): Context 21. Audio-CDs. Cornelsen: Berlin. **(Context 21 Audio CD)**
- Schwarz, Hellmut / Leithner-Brauns, Annette (2015) (Hrsg.): Context. Handreichungen für den Unterricht. Cornelsen: Berlin. **(Context Handreichungen)**
- Thaler, Engelbert (2009) (Hrsg.): Summit G8. Schöningh: Paderborn. **(Summit)**
- Thaler, Engelbert (2009) (Hrsg.): Summit G8. Teachers' Manual. Schöningh: Paderborn. **(Summit Teachers' Manual)**
- Thaler, Engelbert (2012) (Hrsg.): Summit. Mediation. Übungen – Tests – Abiturvorbereitung. Schöningh: Paderborn. **(Summit Mediation)**
- Thaler, Engelbert (2010) (Hrsg.): Summit. Hörverstehen. Übungen – Tests – Abiturvorbereitung. Schöningh: Paderborn. **(Summit Hörverstehen)**
- Thaler, Engelbert (2010) (Hrsg.): Summit Trainer. Students' Workbook. Schöningh: Paderborn. **(Summit Trainer)**

3. Sonstiges

- Byram, Michael (1997): Teaching and Assessing Intercultural Communicative Competence. Multicultural Matters: Clevedon.
- Dretzke, Burkhard / Dretzke, Margaret (2015): Englisch üben fürs Lehramt. Fehler erkennen, korrigieren, vermeiden. Schöningh: Paderborn.
- Fletcher, Adam / Hawkins, Paul (2014): Denglisch for Better Knowers. Ullstein: Berlin.

- Fox, Kate (2004): Watching the English – The Hidden Rules of English Behaviour. Hodder & Stoughton: London.
- Horn, Dieter / Schröder, Konrad / Sommerschuh, Günther (2012): Bildungsstandards für die Allgemeine Hochschulreife – und wie sie auf den Unterricht zurückwirken. In: Praxis Englisch, Heft 6, 45–47.
- Kraus, Josef (2013): Helikopter-Eltern. Schluss mit Förderwahn und Verwöhnung. Rororo: Hamburg.
- Richards, Jack (2013): Curriculum Approaches in Language Teaching: Forward, Central, and Backward Design. In: RELC Journal, 44(1), 5–33.
- Thaler, Engelbert (2010): Wider die Kompetenz-Obsession. In: Praxis Fremdsprachenunterricht, Heft 6, 6–7.
- Thaler, Engelbert (2012): Englisch unterrichten. Cornelsen: Berlin.
- Weeber, Karl-Wilhelm (2011): Latin Reloaded: Von wegen Denglisch – alles nur Latein. Primus: Darmstadt.

Operatorenliste

Im Folgenden werden Operatoren aufgelistet und erläutert, die in Aufgaben für Englisch häufig vorkommen. Diese Operatoren werden in den Aufgaben der Aufgabensammlung und des Abituraufgabenpools entsprechend verwendet. Die Verwendung eines Operators, der hier nicht aufgeführt wird, ist möglich, wenn aufgrund der standardsprachlichen Bedeutung dieses Aufgabendeskriptors davon auszugehen ist, dass die jeweilige Aufgabe im Sinne der Aufgabenstellung bearbeitet werden kann.

1. Kompetenzbereich Schreiben

Operator	Erläuterung
analyze, examine	describe and explain in detail
assess, evaluate	express a well-founded opinion on the nature or quality of sb./sth.
give/write a characterization of	provide a thorough analysis of a character
comment (on)	state one's opinion clearly and support one's view with evidence or reasons
compare	show similarities and differences
describe	give a detailed account of what sb./sth. is like
discuss	give arguments or reasons for and against, especially to come to a well-founded conclusion
explain	make sth. clear
illustrate	use examples to explain or make clear
interpret	explain the meaning or purpose of sth.
outline	give the main features, structure or general principles of sth.

point out, state	present the main aspects of sth. briefly and clearly
summarize, sum up	give a concise account of the main points or ideas of a text, issue or topic
write (+ text type)	produce a text with specific features

2. Kompetenzbereich Sprachmittlung

Operator	Erläuterung
explain	make sth. clear taking into account culture-related differences if necessary
outline, present, summarize, sum up	give a concise account of the main points or ideas of a text clarifying culture-related aspects if necessary
write (+ text type)	produce a text with specific features

3. Kompetenzbereich Hörverstehen

Operator	Illustrierendes Aufgabenbeispiel
complete, fill in	Complete the sentences below using one to five words.
list, name	List the most important aspects mentioned in the discussion.
match	Match each person with one of the pictures. There is one more picture than you need.
state	State the ideas supported by speaker A.
tick	Tick the correct answer.

4. Kompetenzbereich Sprechen

Operator	Erläuterung
agree on, come to an agreement	come to one opinion or an understanding; arrive at a settlement
analyze	describe and explain in detail
argue	make a case based on appropriate evidence for and/or against some given point of view
assess, evaluate	express a well-founded opinion on the nature or quality of sb./sth.
comment (on)	state one's opinion clearly and support one's view with evidence, reasons or arguments
compare	show similarities and differences
discuss	examine the different sides of an issue and come to a conclusion – or give the partner(s) the opportunity to come to a conclusion
explain	make sth. clear
interpret	explain the meaning or purpose of sth.
present	put forward sth. for consideration
summarize, sum up	give a concise account of the main points or ideas of a text, issue or topic

Institut zur Qualitätssicherung im Bildungswesen (Hrsg.): Grundstock von Operatoren. IQB: Berlin 2012. http://www.iqb.hu-berlin.de/bista/abi/englisch/dokumente (letzter Zugriff am 15.04.2016).

Hinweise zur Bewertung der sprachlichen Leistung

	14 Punkte	11 Punkte
kommunikative Textgestaltung Textaufbau Textsortenspezifik Situationsangemessenheit und Adressatenbezug	durchgängig zielgerichteter, strukturierter und kohärenter Text; besonders überzeugende Umsetzung der geforderten Textsortenmerkmale; durchgängig situationsangemessen, gelungener Adressatenbezug	überwiegend zielgerichteter, strukturierter und kohärenter Text; überwiegend überzeugende Umsetzung der geforderten Textsortenmerkmale; überwiegend situationsangemessen, gelungener Adressatenbezug
Ausdrucksvermögen, Verwendung sprachlicher Mittel Eigenständigkeit Wortschatz Satzbau	eigenständige Darstellung; besonders präzise, differenzierte und idiomatische Wortwahl; durchgängig variabler und funktionaler Satzbau, ggf. unter angemessener Verwendung komplexer Strukturen	eigenständige Darstellung; präzise, recht differenzierte und idiomatische Wortwahl; variabler und funktionaler Satzbau, ggf. unter überwiegend angemessener Verwendung komplexer Strukturen
sprachliche Korrektheit Lexik Grammatik/Syntax Orthographie	hohes Maß an lexikalischer, grammatischer/ syntaktischer und orthographischer Korrektheit	überwiegend lexikalisch, grammatisch/ syntaktisch und orthographisch korrekt, keine Beeinträchtigung der Verständlichkeit
Gesamteindruck Aufgabenerfüllung	Die sprachlichen Erfordernisse der Aufgabe werden durchgängig umgesetzt.	Die sprachlichen Erfordernisse der Aufgabe werden weitgehend umgesetzt.

	8 Punkte	5 Punkte
kommunikative Textgestaltung Textaufbau Textsortenspezifik Situationsangemessenheit und Adressatenbezug	noch zielgerichteter, nicht durchgängig strukturierter und kohärenter Text; teilweise gelungene Umsetzung der geforderten Textsortenmerkmale; Situationsangemessenheit und Adressatenbezug teilweise gegeben	ansatzweise strukturierter und kohärenter Text; in Ansätzen vorhandene Umsetzung der geforderten Textsortenmerkmale; Situationsangemessenheit und Adressatenbezug ansatzweise erkennbar
Ausdrucksvermögen, Verwendung sprachlicher Mittel Eigenständigkeit Wortschatz Satzbau	teilweise eigenständige Darstellung; treffende, verständliche Wortwahl; teilweise variabler und funktionaler Satzbau	noch eigenständige Anteile in der Darstellung; eingeschränkte, noch angemessene Wortwahl; wenig variabler, aber der Aufgabe noch angemessener Satzbau
sprachliche Korrektheit Lexik Grammatik/Syntax Orthographie	im Wesentlichen lexikalisch, grammatisch/syntaktisch und orthographisch korrekt, Verständlichkeit geringfügig eingeschränkt	lexikalische, grammatische/syntaktische und orthographische Fehler, die die Verständlichkeit stellenweise beeinträchtigen
Gesamteindruck Aufgabenerfüllung	Die sprachlichen Erfordernisse der Aufgabe werden im Wesentlichen umgesetzt.	Die sprachlichen Erfordernisse der Aufgabe werden im Ansatz umgesetzt.

	2 Punkte	0 Punkte
kommunikative Textgestaltung Textaufbau Textsortenspezifik Situationsangemessenheit und Adressatenbezug	weitgehend unstrukturierter und inkohärenter Text; weitgehend fehlende Textsortenmerkmale; weitgehend fehlende Situationsangemessenheit und weitgehend fehlender Adressatenbezug	unstrukturierter, inkohärenter Text; keine Textsortenmerkmale; keine Situationsangemessenheit, kein Adressatenbezug
Ausdrucksvermögen, Verwendung sprachlicher Mittel Eigenständigkeit Wortschatz Satzbau	kaum eigenständige Darstellung; deutlich eingeschränkte Wortwahl; sehr einfacher, teilweise sprachuntypischer Satzbau	keine eigenständige Darstellung; keine angemessene Wortwahl; sprachuntypischer Satzbau
sprachliche Korrektheit Lexik Grammatik/Syntax Orthographie	Häufung lexikalischer, grammatischer/syntaktischer und orthographischer Fehler, die die Verständlichkeit stark beeinträchtigen	Häufung elementarer Fehler, die Verständlichkeit ist nicht mehr gegeben
Gesamteindruck Aufgabenerfüllung	Die sprachlichen Erfordernisse der Aufgabe werden kaum umgesetzt.	Die sprachlichen Erfordernisse der Aufgabe werden nicht umgesetzt.

Institut zur Qualitätssicherung im Bildungswesen (Hrsg.): Hinweise zur Bewertung der sprachlichen Leistung. IQB: Berlin 2012. http://www.iqb.hu-berlin.de/bista/abi/englisch/dokumente (letzter Zugriff am 15.04.2016).